U0141258

王靖國

一代名將 王靖國將軍的故事

The Story of
General Wang Ching-kuo

王壽來——著

推薦序

難得的兩代緣

王壽來兄最近完成了他父親王靖國將軍的傳記，邀請我作序，我當然應命，不但是由於我知道這書能夠問世，真是不易，而且因為我們兩家實在太有緣了。

四十多年前，壽來兄被行政院新聞局派駐南非，在我國駐南非大使館的新聞參事處擔任秘書，而那幾年我恰巧也被外交部派駐到該大使館工作，因而得以結識。只是我們單位不同，而且他很沉默，總是默默的工作，而鮮少參與同仁們的交際活動，所以那些年我們互動不多。但是，令人驚喜的是，雖然新聞參事處成員極少：只是以參事和壽來兄兩人為主，卻做得風風火火：他們結識了全南非各地的媒體，促使彼等經常報導我國的相關消息，甚至每年在我國的雙十國慶期間，一定能讓南非人民讀到當地最大的報紙所出版的「國慶特刊」。特刊中刊載著各種文字和圖片，彩色繽紛，喜氣洋洋，把一個自由民主、欣欣向榮的中華民國鮮活地介紹給南非各界——更難得的是，出特刊的高額費用卻都是新聞參事處從南非各界募來，而不需要國內出一文錢。記得當年駐南非楊西崑大使曾經不止一次地笑著稱讚說，新參處「不聲不響，但是效果輝煌，實在是如同一隻很會抓老鼠的貓！」

那時南非還是白人統治、種族隔離的時代，然而我們兩國卻有相當良好的外交關係。當地固然有種族不公的社會現象，但是物產豐富、經濟發達、軍力強大、科技先進，是非洲地區首屈一指的強國，因此我國在許多方面都可以參考借重。我們外交人員為了自己的國家利益，必須爭取當地各界對我國的認識和好感，新聞宣傳便是一項重要管道。南非朝野在那個時期，十分願意與我方交流，處處表達友善，使得我們在外交、經濟、軍事、教育和文化等領域能不斷的受益，便充分彰顯了壽來兄和他的同仁們對國家的貢獻。

壽來兄在新聞局國內外各單位工作了多年，以他的智慧、學養和努力，績效自然獲得肯定，不次晉升，責任也越來越重；後來轉到文化部門工作，更讓他所累積的行政經驗和自幼苦學而奠定的文學基礎，得以運用發揮。只是我們兩人能有機會多談，竟然是在基督教臺北信友堂的教堂內，我也才知道原來他竟然是名將王靖國將軍的公子，而且幼年時還受到不公的遭遇——怪不得他很少同別人交際，甚至也沒有早先告訴我這個同樣的、而且年少喪父的軍人之子。在教堂內的無意重逢，只能說是上帝的帶領和恩典。

我的軍人父親胡宗南上將（1896-1962）是黃埔一期生，畢業之後立即參與東征、北伐、平亂、剿共、戡亂以至保台。抗戰期間中央令其駐守中國西北，以陝西西安為總部，擔任不同的職務。由於其駐地臨近黃河，與山西唇齒相依，在抗戰以及其後的戡亂期間，便曾奉命親自率軍或派軍渡過黃河，進入山西，與閻錫山先生領導的晉軍協同合作，跟共同的敵人：日軍或共軍多次奮戰。父親並曾兩度奉命，分別以第三十四集團軍總司令和第八戰區副司令長官的身分，專程前往山西，與閻錫山先生深談，從而也結識了他麾下的主要將領。王靖國將軍不但是其中之一，且因蔣中正委員長對其特別的推崇，父親遂更與王將軍結交——而王將軍還較先父年長三歲。

從壽來兄所整理出他父親的生平，就得知靖國將軍從太原陸軍小學、直隸陸軍預備學校到保定軍校，一共受了九年軍事教育，再加上他後來參加的軍官訓練團等等，其所受軍事教育時間的長度及內容的精深，恐怕比黃埔軍校各期生只有過之而無不及，而他在綏西包頭的十年駐紮期間，對於當地的政治、經濟、教育、文化、醫療各方面的作為，包括創辦通訊社、金融機構，以及推廣小農經濟、成立醫院等，對於提升當地百姓民生方面的貢獻，更是遠超過一般的職業軍人。

當然靖國將軍最重要的奮鬥目標，仍然是在軍事上的保家衛國。他參加了諸多戰役，都展現了其才能，發揮了他在兵學上多年的浸淫；而他自始至終、無私無己的忠誠任事，更無愧於對他知遇的閻錫山先生、以及他奉獻了一生的中華民國。外界特別敬佩的，是他在抗戰期間在進入 1937 年的忻口會戰前，曾留下遺書給撫養他成長的寡母，之後領軍以劣勢裝備對抗高度現代化的日軍，義無反顧地奮戰到底，獲得了一定的戰果；而他深明大義的寡母對他遺書的反應，更是令人動容。後來，在戡亂戰役（國共內戰）後期，王將軍以太原守備司令的身分，領導著犧牲慘重、久戰兵疲的最後七萬將士，抵擋絕對優勢的共軍及千百門大炮的圍攻，在沒有長官進一步指示前，苦戰到最後一兵一卒。這種明知不可為而為，力盡被俘卻堅決拒降，所表現出的節操與正氣，**不正是一位現代文天祥？**

壽來兄將一位非黃埔出身，卻是一生服膺忠孝節義的民族傳統精神、為中華民國奮戰至死，因而充分彰顯了軍人氣節的山西名將歷史作了整理，是本書第一亮點；書中把 1949 年 12 月領導行政院從大陸撤來台灣、在民國現代史當中舉足輕重的閻錫山院長先前在山西時代的歷史作了補遺，使得全書有更高的歷史價值，是第二亮點；而壽來兄在書中自然地把閻院長在臺灣的紀念館和墓園的處理做了鋪陳和說明，有助於各地的遊客前往參觀，則是第三亮點。

另外，個人要特別強調的是，從各篇附錄可以看出，壽來兄極為有心地尋找七、八十年前父親資料，其經過至為辛苦和神奇，是以我們今天能讀到這些內容，真是難得，太值得珍惜了！當然，書中優美的文筆更是可以當作文學著作來欣賞：讀者們有福了！個人在此謹以極大的榮幸，以父子兩代都與王家兩代結緣的特殊身分，向海內外各界鄭重地推薦本書。

前總統府資政 胡為真

民國 113 年 10月

推薦序

丹心照青史

王靖國將軍，保定軍校第五期步科畢業後，返回家鄉山西，進入晉軍，自連長、營長、團長、旅長，循序升至師長、軍長，以治軍嚴明，極重紀律，關懷下屬，待人和善，富組織能力著稱，深受掌控山西實權之閻錫山倚重。民國 24 年 7 月，華北在日方壓迫下，情勢日趨緊張，閻氏特派先生赴成都晉謁蔣中正，呈送所擬應付時局意見。對於派先生前往一事，蔣氏之幕僚於閻來電上簽註：「徐次辰身為主席，現值華北外交緊張，閻未必准其遠離，現既派王前來，故覆電迓之。」先生時任第七十師師長，與山西省主席徐永昌並列，顯示蔣氏方面亦了解先生在山西軍政系統之地位。先生也是晉軍將領中少數與蔣氏關係良好者，民國 26 年 7 月，政府於廬山開辦暑期訓練團，召訓各軍將領，先生奉召參加第一期受訓，並擔任第一總隊總隊附；先生特地提前數日到達牯嶺，先行晉謁蔣氏。

抗戰軍興，先生領軍布防雁門關一帶，奉令固守崞縣，以掩護國軍佔據忻口，對抗來犯日軍，幸不辱命，使國軍在忻口一役，堅守二十餘日，南京國民政府得以安全後撤至武漢。民國 28 年底，山西新軍在中共策動下叛離，閻氏實力大受影響。當時重慶方面所得訊息，知先生鑒於閻氏之態度猶疑，恐被左右「新派」人士包圍，乃時刻不離閻氏左右，以促使閻氏對此事作堅決之處置。

抗戰勝利，國共戰爭又起，山西為主戰場之一。晉中戰役後，先生奉命擔任第十兵團司令兼太原守備司令，堅守太原，達半年之久。共軍多次勸降，皆為先生力拒，並嚴斥勸降者。民國 38 年 4 月 24 日太原城遭共軍攻破，直入太原綏靖公署，先生聞訊，應變不及遭俘，以戰犯下獄，次年瘐死戰犯管理所。或曰先生堅守太原城，係對閻氏之絕對效忠致使頑抗到底。然而對先生而言，以當時情勢，堅守太原是「知其不可為而為」，除了服從閻氏命令外，更重要的應該是先生所堅持的反共信念，以及與守城將士同生死、共患難之決心。

王壽來兄為先生哲嗣，長期從事文化行政工作，曾任文化部文化資產局首任局長，為國內文化資產保存盡力甚多。自公職退休後，致力於先生事蹟之徵集，自籌經費製作紀錄片《故人、故居、故事：一代名將王靖國》，親率攝製團隊赴山西故居錄影，並至先生出生地的五台縣新河村，得見村民所保存先生照顧鄉梓之遺物，充實紀錄片內容。壽來兄復以先生身為軍人，其忠於職責，奮戰到底，被俘不屈，瘐死獄中之事蹟，不宜湮沒，決定向有關方面提出先生入祀國民革命忠烈祠之申請，獲得通過，於民國 110 年 3 月 26 日，由陸軍司令陳寶餘上將主持入祀儀式，亦為政府還先生歷史公道。

壽來兄以製作紀錄片、申請入祀忠烈祠時，曾多方收集資料，不宜散佚，尤以家中珍藏先生四十歲時所書寫之自傳《我的四十回顧》，為海內孤本。遂以該書結合相關資料，完成《一代名將王靖國將軍的故事》，概述先生生平事蹟，內容翔實，將由民國歷史文化學社出版。壽來兄製作紀錄片時，曾囑余略述太原戰役及先生堅守太原城之原由，復蒙壽來兄不棄，於本書出版前，囑余作序，實不敢當。然以先生為吾鄉先賢，身為三晉子弟，不敢不從，謹書拜讀書稿後之心得，與史料所見先生事蹟，是以為序。

國立政治大學歷史學系退休教授

民國 113 年 10 月

目錄

自序
夢魂不惜「新河」遠

三年多前，我在臺北華山光點電影館，發表了個人贊助攝製的紀錄片《故人、故居、故事：一代名將王靖國》，當天多位應邀出席的友人，觀看此片所講述的故事，無不大為動容，甚至熱淚盈眶。他們紛紛向我建議，應將家父在國家風雨飄搖之際，以第十兵團司令兼太原守備司令的身分，率部死守山西太原孤城六個多月這段可歌可泣的史實，訴諸文字，付梓流傳。

過後半年餘，在多位軍事將領的臂助下，政府終於同意讓家父入祀國民革命忠烈祠，算是七十餘年後，才正式還了家父一個公道，而報刊也以「正義雖然遲到，終究沒有缺席」為標題，報導了家父誓死不屈的忠烈事蹟。我的老長官、歷史學家邵玉銘教授，也在我的臉書留言道：「近來研究國共內戰，感慨良深，若是當年國軍將領都能效法靖國將軍抗共精神於萬一，大陸不會那樣淪陷」等語，何嘗不是秉春秋之筆所作擲地有聲之言！

據統計，太原保衛戰，守城國軍計有十三萬五千餘人傷亡，城破之日，城內有六百處失火，大小醫院有一萬五千名傷兵。因而當時著名學者及政論家章士釗和邵力子，在寫給代總統李宗仁的一封長信中，曾對閻錫山力主堅守太原的做法，有過這樣的評價：「夫閻君不惜其鄉人子弟，以萬無可守之太原，已遁去，而責若輩死綏，以致城破之日，屍與溝平，屋無完瓦，晉人莫不恨焉」，何嘗不是有感而發的沉痛之言。

太原是在 1949 年 4 月 24 日淪陷，3 月間筆者同父異母的姐姐王瑞書，攜帶共軍指揮官徐向前的親筆信，通過封鎖線回到太原，婉勸父親應效法傅作義的作法，和平解放太原。家父不為所動，直接了當的回說：「太原已成一座孤城，外無救援，實難確保，但我是軍人，軍人以服從為天職。如果閻有命令叫我投降，我就投降，閻沒有命令，我只有戰鬥到底。傅作義夠個俊傑，但我不能學他。你可革你的命，我要盡我的忠。」

家父盡忠到最後，城破被俘，受盡折磨，病死於戰犯管理所。然而，其位於太原西華門六號的官邸，現已被指定為「太原市重點文物保護單位」（相當於臺灣的市定古蹟），內中懸掛一幅木製對聯，寫著「從文尊孔盡忠盡孝，習武奉關守義守節」，兩句話概括了家父赫赫不凡的一生，而字句中推崇他的忠、孝、節、義，應算是蓋棺論定，給了他最公正的評價。

可想而知，太原市的此處官邸，並非家父的老家。他出生於山西五台縣境內一個偏鄉之地新河村，為了拍攝父親的故事，我跟攝影團隊一行人尋尋覓覓，好不容易才找到這個只有百多戶人家的農村。在鄉親熱心的帶領下，一下子就見到高牆剝落不堪，院落內斷垣殘壁，雜草叢生，房屋早已坍塌的家父老宅。令人稍感欣慰的是，我們居然還看到兩塊字跡已略顯漫漶的石碑，上面分別記載著家父在擔任國軍第三十七師師長時，捐款為村子設立小學，以及斥資修建堤防的始末。而最教人感慨的是，在場的一位老人家，特地回家取來一方墨盒，說是家父當年送給小學生的紀念品，從盒蓋上所鐫刻「苦學救國」四字，不難感知他對國家內憂外患處境的深沉焦慮。

家父身處的時代，是戰亂頻仍、國難當頭的年月，其個人國家民族意識格外強烈，自不在話下，而他在事業有成之後，那種飲水思源、愛鄉愛土的情懷，也在在表現於他的行誼中。猶記，過往家母曾多次對我提起，鄉親們只要找上門來求助，不論親疏遠近，識與不識，他無不是熱情以待，有求必應。有時甚至家父尚未起床，官邸的小客廳中，已坐滿遠道而來的鄉親父老。

在本書中，筆者提到陝西所出版《東河文史》一書，對大陸建政以前，家父主政包頭的情形，有較全面的記載，內中對家父並有如下客觀平實的評述：「生活樸素，平易近人。因受儒家教育很深，養成樸素勤儉作風，為官亦較為清廉，從不擺官架抖威風，遇事能和部下商議，廣聽群言，善於採納別人意見，對部下從不苛責。對家屬則嚴於管教，一貫勤儉持家。」上述寥寥數語，似已足以看出家父為人處世之道。

家父自幼即有報國之心，十七歲投考陸軍小學，畢業後又考入陸軍第一預備學校，之後直升入保定軍官學校第五期步兵科，與傅作義、張蔭梧、楚溪春等日後的赫赫名將，成為同期同學。總計家父在陸軍學校求學，前後共九載有餘，可說是受過極其完整、嚴格的軍事教育及訓練。他一生戎馬，南征北討數十年，立下無數戰功，而在這本類似傳記的書中，筆者只將焦點放在了崞縣之戰、忻口會戰及太原戰役，目的是想讓國人清楚了解我們的上一代，是如何用自己的生命捍衛這個國家。以崞縣之戰為例，史學家黎東方在其名著《蔣公介石序傳》中，對家父率領第十九軍奮勇抵抗來犯日軍的忠勇表現極為肯定。此外，筆者在本書中亦提到，家父奉命堅守崞縣，深知此役必為九死一生的血戰，故曾留下遺書給我祖母，在在可見出其奮戰到底的決心。

至於忻口會戰，乃是抗戰初期華北地區規模最大、歷時最久、戰鬥最激烈的一次戰役。是役，家父出任中央地區總指揮，從筆者書中所選載的電文可知，我方第八十五師全師僅剩五百餘人，第五十四師最後僅剩不到百人。事後，蔣委員長讚揚於忻口浴血抗戰的將士言：「寧惜一死，挺身殺賊，誓雪國恥，無忝炎黃」，而大陸有學者亦為文，肯定家父是一員真正的戰將，是晉綏軍中的關羽，為國披肝瀝膽，不畏生死。

至於太原戰役究竟有多慘烈，根據中國大陸2009年所攝製的紀錄片《決戰太原》報導，太原之役，是其所謂「解放戰爭」中，歷時最長、戰鬥最激烈、付出代價最大的攻堅之戰，並指出這一場城市攻堅戰的彈藥消耗量，接近於淮海戰役（即我方所稱的徐蚌會戰）。此外，中國大陸軍事學家盧勇，在評述「太原戰役」時曾如此說：「此一戰役，以其難度、強度、激烈程度，是可以放在解放戰爭中的第一位。」家父時任第十兵團司令兼太原守備司令，被三、四十萬共軍包圍，誓死不降，結局又是何其壯烈悲慘。

本書對家父幼年勤學苦讀，及長投考軍校，學成投身軍旅生涯的過程，有較詳實的描述，所引資料並非來自任何相關書籍或網站，而是參考家父自己在四十歲那年所寫的自傳。家中所藏的此一名為《我的四十回顧》孤本，封面是由家父的金蘭之交傅作義先生題字，內頁惜已殘破不堪，而且部分內容甚至已無從辨識。至於本書何以採第三人稱的角度，直呼先嚴的名諱，乃是請教了多位資深編輯人的建議，認為如此行文，可能較為清順自然。

本書附錄所刊各文，乃是筆者過去在報刊或雜誌發表的相關文字，內容間或有重複之處，但各有主題，無礙於其自成單元，若配合本書篇章閱讀，當有助於對王靖國將軍一生的行誼及其忠烈的事蹟，有更清楚的認識。

此外，個人走到人生這個階段，早已體悟到世間許多美事無不是「看似尋常最奇崛，成如容易卻艱辛」，而且，不僅需要自己全力以赴，有時也必須因緣俱足，仰靠他人的扶持與成全。在這兒，我要衷心感謝前國安會祕書長胡為真兄、歷史學家劉維開教授等慨然作序，同時，也要感謝備受社會各界敬重的季麟連將軍、政治學者周玉山教授，以及山西鄉賢王鎮亞總經理、徐寶壽理事長長期以來的鼎力支持。而對素昧平生，卻願擔綱出版本書之呂芳上社長的知遇之恩，筆者亦要在此一併深致感念之意。

最後，我還要特別感謝家姊王美來和內人謝小韞，她們始終在背後默默支持，也不斷鞭策與鼓勵，是促成此書問世的一股無形力量！另值一提的是，自我幾年前為拍片回山西走訪家父的出生地後，新河村的一景一物，就不時浮現在我的腦海與夢境中，讓我覺得，並非是我自己福至心靈，要講述家族的故事，而是冥冥之中，先父引導我寫出上一代人守護家國的悲歌！

第一章　將相本無種

王靖國著戎裝

王靖國是山西五台縣新河村人，祖輩世世代代務農，多為地主種田，遞傳至他這一代，已歷十一世。祖父在幼年時雙親早逝，家貧如洗，十一歲時即為人牧羊，所得工資扣除糊口所需之外，悉數儲蓄起來。所謂「大富由命 小富由儉」，日積月累，至而立之年，竟有餘力購置幾分薄田，養家活口。自身雖無太多餘裕，但其天性樂於助人，鄉人有難，必慷慨解囊，至四十四歲始成家，生兩子一女。

這裡所說的兩子，一為王靖國的父親，另一位則是其叔父。極為不幸的是，兩者皆得年不永，叔父年甫二十就病逝，父親亦僅二十六歲而見背。事實上，王靖國為遺腹子，他出生於 1893 年 7 月 18 日，而其父早在是年 4 月 18 日過世，相距整整三個月，陰陽殊途，父子終無緣相見。

王靖國的祖父正處西河之痛時，上天賜予孫兒，內心悲喜交加，乃將王靖國乳名取為「村喜」，意為一村之喜事。孰知天不假年，王靖國三歲秋間，祖父因病溘然長逝，五歲時祖母又因老病棄養。彼時，祖父及父親之靈柩尚寄厝農場，於是將祖父母及父親三靈同期安葬。出殯之日，王靖國以五歲幼童之身，挽父親之靈，再以父親之靈，挽祖父母之靈，一童挽三柩，他的母親則跟隨於後，村里鄉民在路旁目睹此情此景，無不為之潸然淚下，以人生慘事，莫過於此！

治喪之後，家中收入銳減，王靖國的母親乃為人縫衣補裳，貼補家用，遂可勉強度日，惟因一家孤兒寡母，乏人支撐門戶，不免時受欺凌。及至王靖國七、八歲之後，漸通人事，見此光景，愈發有憤懣與不平之心，於是暗暗發願，將來非得發憤求學，以圖出人頭地。

王靖國之初學時期

八歲那年冬天，王靖國進入新河村的私塾，跟隨村中宿儒李森榮唸書，至十歲時，兩年餘已讀畢四書、尚書、詩經等經典古籍，村人見此，無不嘖嘖稱奇，常以神童稱之。李森榮見此，遂跟王靖國的母親說：「此童將來一定大有盼望，務必盡力供給求學」，並建議王靖國轉學。

十一歲時，王靖國轉赴鄰近的石咀鄉南坪村讀書，不到兩年，先後讀完易經、禮記、左傳等書，並背誦了不少古詩詞。到了十二歲那年秋天，他轉至東冶鎮（五台縣第一大鎮）五級村的孔奮三先生門下修業，讀畢公認是議論文典範之《東萊博議》等古籍，不到一年，已能撰文，表達一己之見，故獲「小才子」之美譽。

王靖國十三歲那年夏天，五台縣設立學校，由山西的宿儒趙星西出任校長，每名學生每月均可領取足以維持生活的津貼（膏火），因而報考者眾，王靖國幸獲錄取。十五歲時，轉入五台縣的郭家寨學校求學，更發憤向學，學識益進。

十六歲赴太原參加陸軍學校入學考試，考題為「士先器識而後文藝」，因不知出處（實則出自《舊唐書》），所寫文不對題，故名落孫山。後轉入師資陣容堅強的沱陽高等小學校，入學後，十一次月考中，有十次名列榜首。十七歲時，再赴太原參加陸軍小學堂第四期的招生，幸獲錄取，一切費用，均由校方負擔，生活壓力乃稍告舒緩。同期的學員中，不乏一時俊彥，例如後來赫赫有名的將領李生達軍長，以及在對日抗戰時壯烈成仁的宮志沂將軍。

十九歲適逢辛亥年，革命爆發，太原起義，人心惶惶，不少同學遂潛行回籍。王靖國平日在校沉默寡言，此時見此局面，就力勸說：「革命是為漢族去壓迫，為中國圖富強，吾輩應努力，豈可畏危而逃避哉？」同學受其影響，因而留校者多達數十人。彼時，警察紛紛逃走，街市治安敗壞，王靖國乃偕同學主動出面站崗，維持社會秩序，後又加入山西革命鉅子續西峰、弓海亭所成立的民間自衛組織「忻代寧公團」，北上與清軍激戰，終於攻克大同。

二十歲時，共和肇始，山西都督閻錫山駐節忻州，加強訓練所屬部隊，知悉陸軍小學堂諸學員協助苦守大同的英勇行為，深為讚許，破格提拔王靖國為排長，每月餉銀三十兩。因衣食均由公家供給，王靖國乃有餘力還清個人及家中債務，並矢志繼續深造，完成更上一層的軍事教育。依據當時的軍事教育制度，陸軍小學堂畢業後，方可進入陸軍中學；修業兩年後，尚須入部隊實習半年，才有資格進入兩年制軍官學校，俟順利卒業，仍須見習半年，才能充任排長之職。

雖說少年得志，年方二十歲的王靖國，仍決意辭差，各級長官皆力勸他打消此念，閻錫山聽說後，亦起了惜才之心，立即召見慰留。王靖國坦率報告自己年方二十，陸軍小學堂尚未畢業，如今人才不多，尚能濫竽充數，將來昔日的同學紛紛學成歸來，學識資格均超過他，個人再想復學，必是困難重重，屆時悔之晚矣，良以求學之年有限，而報效國家來日方長。時任山西都督府祕書長的趙戴文在一旁聽了王靖國這番表白，深覺有理，就向閻錫山建議：「似可允其回學，以全其志」，此為王靖國最初為閻、趙兩人真正賞識的起始。時至 1912 年冬，王靖國於山西陸軍小學堂第四期正式畢業。

1914 年夏，王靖國轉赴北京清河陸軍第一預備學校進修。論及此校的背景，必須回溯清朝末葉，內憂外患如排山倒海，接踵而至，有識之士紛紛上書清廷設法振衰起敝，立即廢科舉、興學堂、振軍備、建新軍。於是，因應時勢，各地仿效德、日各國軍制的軍事學校，便應運而生了。

1903（光緒二十九）年，全國開辦了四所陸軍中學堂，後改稱為陸軍預備學校，分設於直隸、湖北、廣東、江蘇四省。陸軍預備學校的學習課程，分學科和軍事科兩部分。學制為兩年，畢業後分配到部隊六個月，入伍期滿，可直升進入陸軍軍官學校。陸軍預備學校除了重視軍事課程，對學生的生活與品德教育，亦不偏廢，教官中不乏基督徒，校內並設有「青年會」，做禮拜，讀《聖經》，邀請名人到校演講，均為日常之事。

1916 年 9 月，王靖國在陸軍預備學校畢業後，隨即赴保定升入學生隊，實為服兵役六個月。1917 年春天，才正式進入保定軍官學校第五期步兵科（同學有傅作義、張蔭梧、楚溪春、李生達等），他被選為班代表，期間經其月餘的奔走請願，終獲省議會通過每年發給學員五十元的津貼，此後凡是有關爭取同學的各種福利，眾人無不推他出面交涉。

設立在直隸的保定陸軍軍官學校，開創於 1912 年 7 月 3 日，為中華民國第一所中央陸軍軍官學校，該校設有步科、砲科、工科、輜重科，共辦九期，培養六千五百七十四名軍官，1923 年停辦。

1917 年暑假，適逢張勳發動政變，擁戴宣統帝復辟，王靖國星夜趕回太原，謁見閻錫山的參謀長趙戴文，勸閻討逆，蒙閻、趙嘉許，邀王靖國擔任新軍的營附（秉承營長之命令，處理人事公文及營內裝械器材，以及一切教育管理等事宜），並力勸他不必回學，但王靖國認為如此一來，自己的學業將功虧一簣，甚為可惜，乃辭軍職，重回保定苦讀，直至1918年冬，始由保定軍校第五期畢業，總計在陸軍學校求學，前後共九載有餘。

畢業後被分發至山西獨立步兵第十團，擔任見習官。嗣後山西督軍閻錫山組建幹部訓練隊，王靖國與同學楚溪春、張蔭梧、李生達等調任隊附，全隊共有隊附三十六人，人稱「三十六天罡」。1919年6月，幹訓隊擴充為學兵團（團長榮鴻臚，上報陸軍部番號為山西獨立步兵第九團），王、楚、張、李等皆升任連長。

王靖國在保定軍校求學期間，尚有一事值得簡述，山西有不滿閻錫山者，欲趁閻氏赴京參加督軍團途中，加以暗殺，然後迎接時任中央第七師師長的張敬堯入晉。策畫者為求裡應外合，事先派人到保定軍校接洽可拉攏的學員，此事首被王靖國的同期同學李服膺獲悉，他密告於王，相約拒絕加入。後來閻錫山輾轉獲知此陰謀，防範未然，得免於難。

第二章　初露鋒芒的軍旅生涯

王靖國坐於大堂

1918 年冬，王靖國正式從保定軍官學校畢業，彼時全國各地軍政當局多醉心於擴張勢力，甚至欲以武力一統江山，而閻錫山首倡保境安民，實事求是，推行村政，扶持民權。

王靖國極認同閻氏主持晉省的大政方針，乃糾合同省籍與外省籍理念相同的同學，包括後來成為抗日名將的張蔭梧、楚溪春等，計一百三十人，聯袂投效閻公。彼等報到後，依章充任見習軍官，見習期滿適逢閻錫山兼篆省長，勵精圖治，創立學兵團，王靖國被指派為學兵團隊附。

1919 年 4 月，學兵團幹部教育期滿，所有隊附大半升級為營附、連長等職，惟王靖國為增進軍旅實務經驗，乃請求調至普通團服務，遂調升至晉軍步兵第七團第一營營附，之後基於營附任務輕鬆，並非直接帶兵官，於是逕行請求調充連長，承蒙各級長官讚許其志，兩年之間，績效突出，屢獲嘉勉。

最值得記述之兩件事

有一天，全團都在操場從事軍事訓練，突然風雨驟至，勢頭猛烈，各連連長見此爭先解散，以致隊伍紛亂，毫無軍容可言。王靖國平素對軍紀極為注重，無論何時何地絕不便宜行事，常以明朝抗倭名將戚繼光練兵要求「雨立不動」的故事，激勵士兵效法先賢。而這一回真的遇到暴雨來襲，士兵本想比照其他連隊，飛奔回營，王靖國立即集合隊伍，命令士兵保持鎮定，先行整齊報數後向右轉，然後以正常步伐徐徐而行，全然置疾風暴雨於不顧。

當時閻錫山剛好在督軍府西北的「進山」（現稱「梅山」）山頂觀景，初見部隊紛亂擁擠的景象，猶如戰場潰敗的情形，頓時心中大怒，想到平日尚且如此紊亂不堪，戰時則不問可知，接著見到一連整隊徐行，從容不迫，他轉嗔為喜：「幸虧有此一連，可以不致全軍覆沒，此連長於風雨飄搖之中，全團紛亂之際，獨能鎮靜自持，極為可嘉」，立令值日官馳詢姓名。他回到辦公室後，原想將此事通告全軍以資傳獎，跟祕書長趙戴文商量，趙對此議表示保留，認為：「少年氣浮，遇事矜誇，易啟驕放，恐非成全之道。」閻錫山對趙氏一向言聽計從，但後來對人屢屢道及此事，由此亦可見他從此對王靖國益加器重，乃至不次拔擢，實其來有自。

王靖國出任連長之後，表現極其突出，每有營長出缺，屢獲保薦，呼聲雖高，卻未能升任，不少人私下為他打抱不平。對此，王靖國並未感到氣餒，反而安慰友人說：「窮通有時，富貴在天，君子凡事只能盡其在我，豈能怨天尤人？」聞者莫不動容。

擔任營長時期——以身作則，營風大變

王靖國受命出任第二團第三營營長後，發現該營的弟兄多為山東、河南、安徽三個省籍，個性慓悍，而且又係警備隊改編，軍紀渙散，於是他決心以身作則，凡事開誠布公，實行「人事公開」，以內舉不避親，外舉不避仇，用人惟賢惟能為原則。同時，實行「財政公開」，弟兄應得者，絕不苛扣分毫，不應得者，則一文不予，公積金則全聽大家公議處分。此外，一切舉措悉採眾議，如此行事，無人不服。而在軍技訓練方面，不求速效，不尚虛名，未滿三月，軍譽大振。該營駐軍介休縣（按此縣傳說是為紀念春秋時期晉文公的臣子介之推，亡於境內的綿山而得名），經過了一年多，營風徹底改變。

此時，亦正逢國家內戰頻仍的多事之秋。良以在1916 年袁世凱皇帝夢碎辭世之後，中國境內群雄並起，各路人馬競相逐鹿中原，先後爆發多次激烈戰事，重要者諸如直皖戰爭（1920 年 7 月）、第一次直奉戰爭（1922 年 4 月）、第二次直奉戰爭（1924 年 9 月）、國民革命軍誓師北伐（1926 年 7 月）、中原大戰（1930 年 5 月）等等，不一而足。

在 1926 年 7 月直奉聯軍發動晉北戰役，王靖國奉令率兵救援被圍困於渾源的李服膺部，與敵軍

在恆山激戰數日，傷亡慘重，仍屢挫屢戰，節節抵抗，俟援軍來援，始轉危為安，事後據情上報，經閻錫山派員實地調查，非但沒有責怪，反而傳令慰勉，並給予數點優評。評語的內容包括有：

（一）攻擊時異常勇敢。

（二）被包圍時尚能沉著。

（三）到最後時能有決心衝出重圍，退守第二要口，得保全局，即所謂敗而能戰。

（四）全營傷亡逾三分之二，尚能支持殘局。

雖出師不利，卻能愈挫愈勇，堅持到底，在戰事結束後，閻錫山欲將王靖國拔擢為第二十四團團長，而他認為自己戰敗反蒙獎勵，心有愧疚，一再謙辭，但未獲閻氏同意，只得從命就任。

第三章　帶兵開誠布公、顧全大局

王靖國出任團長後，仍一再表達辭意，當時同為保定軍校第五期同學的張蔭梧、李生達，均已升任師長，而同期的趙承綬及李服膺，也已擔任旅長，相較之下，王靖國的升遷已顯較慢。閻錫山誤認王靖國為此不愜於心，於是在 1927 年 1 月，王靖國充任團長尚未滿四個月之時，忽然發布人令，任命為第十六旅旅長，並要求他即日赴職。對閻公的知遇，讓王靖國大為感動。

第十六旅的前任旅長張振萬，屬下軍官皆非步兵科出身，士兵皆為新募，分子複雜，紀律蕩然，軍譽不佳。當時綏西土匪猖獗，人數號稱有三、四萬之多，而第十六旅一團駐包頭，一團駐五原，與匪雜地相處，情況危殆。

王靖國抵包頭就職旅長後，仍一本用人公開、財政公開、凡事以身作則之要領，從容整理，而對敗壞軍紀，諸如通匪擾民、吸食鴉片者，一律依法從重懲處，絕不姑息。對於欠缺學科及術科素養的官兵，則循循善誘，加強訓練，不出數月，全旅無不心悅誠服，軍譽乃告大振。

此外，王靖國還全力協助時任第五師師長兼綏西鎮守史的傅汝鈞，整頓地方保護西北交通，凡收撫匪軍，多代為點編，勸導改過自新，歷經八、九個月的努力，地方治安大獲改進。直到是年秋 9 月，晉軍加入國民革命軍北伐準備出動，傅汝鈞因病辭世，王靖國奉命接任第五師師長，開拔至晉北的大同，歸張蔭悟指揮，張為第七軍副軍長，並兼任左翼軍前敵指揮。張蔭悟命令王靖國沿京綏路作正面攻擊，以牽制敵人為目的。

王靖國率部開拔之時，張蔭悟當面表示，正面作戰往往難以取勝，之所以令他肩負此任務，意在讓李生達之勁旅，趁機繞道宣化、懷安，以便出奇制勝，故此舉不免有犧牲打的味道，若小有挫敗，不會加以怪罪。但王靖國的部屬聽說此事後群情憤慨，一致聲言，無論如何絕不會為新師長丟人。

王部接令之後，與敵軍在晉北的永嘉堡、冀北的西灣堡展開激戰，將士用命，勢如破竹，將對方的前進基地完全佔領，逼其撤退至柴溝堡。戰情上報後，乃獲閻錫山總司令覆電云：「該師以寡擊眾，竟能不終朝克服強敵，佔領要隘，開全軍戰勝之機，殊堪嘉尚。」後李生達未採王靖國所提兩師聯合禦敵之建議，主張由該師單獨進攻，遇敵強烈反攻，傷亡極多，情況危急，王靖國乃率部集合於宣化城外，不待命令通報，即行增援，始挽回危局，至此第五師能戰之名，以及王靖國協同作戰、顧全大局之名，遂傳播開來。

北伐時受「寧漢分裂」（1927 年 4 月）政局的影響，晉軍戰略變更，王靖國奉命撤退，他從容部署，嚴令各部不得爭先恐後。王靖國親自視察各營集合情形，召集各營營長，宣達轉進注意事項後，即令開拔，肅靜行進，團長旅長各部殿後，他則隨同最後之後衛騎兵前行。而其他先退之師，倉猝撤退，秩序紊亂，損失慘重，而王靖國所率之師，卻損失甚微，保存實力最多，因此深蒙上峰嘉許。

後於 1927 年 11 月晉綏軍與北洋政府所轄之軍隊，在雁門關東北的鐵角嶺爆發激烈戰鬥，原守該地之部隊堅守不退，惟經敵軍以重兵猛攻，岌岌可危，王靖國乃主動率部及時馳援，戰局始得轉危為安，陣地得以保全。而王靖國不顧自我，勇於為友軍犧牲的表現，人益稱善。此後每遇緊急情況，或兵家必爭之險地，即調第五師防守，該師也從來不負使命。

1928 年 5 月至 6 月間，王靖國率領之第五師又參加了多次的激戰，情勢危急之時，亦堅持不退，終能協同援軍並肩苦戰克敵，奉軍見大勢已去，決定退出關外，國民革命軍的北伐大業乃告完成。王靖國奉命進駐北京，擔任警備，嗣因論功行賞，晉升第六軍軍長，之後國民革命軍進行重編和縮編，他被任命為國民革命軍第三十七師師長，直隸中央。

第四章　勵精圖治
有「綏西王」的美譽

王靖國著冬裝立像

1929年1月，王靖國奉命移駐綏遠，並兼任綏區警備司令。彼時，綏遠土匪遍地，旱災連年，而且時疫流行，堪稱是一個多災多難、民不聊生之地。王靖國盱衡此種天災人禍接踵而至的情況，救民心切，首先決定與民攜手合作，訓令所屬凡事應以照顧民眾為前提，並與徐永昌主席、趙承綬司令（保定軍校第五期）和衷共濟，一面痛剿土匪，撫輯流亡，一面積極賑災，紓解民困。

是年3月土匪頭目被擊斃於五原後，綏區股匪，大致已肅清，農民紛紛返回家園，重拾農事，於是秋稔豐碩，市面景象轉佳，民眾喜能安居，與地方人士相處融洽，執政的國民黨有鑑於此，遂委王靖國擔任綏遠省黨部指導委員。

1930年春爆發所謂的「中原大戰」（閻錫山、馮玉祥、李宗仁等與蔣介石之間的戰爭），王靖國奉命擔任第三方面第三軍軍長，仍歸張蔭梧指揮。值得一提的是，自王靖國率軍加入魯東作戰，該部每戰皆捷，無攻不克，他未敢喜形於色，良以深刻體認到戰爭之勝敗，往往在最後一著，更何況是役造端太大，絕非一部分勝敗所能決定。迨後率軍撤退，跋涉山河，無論遇到怎樣的危難，王靖國均未絲毫焦急，依然按部就班部署，士卒當前，親身殿後，卒能全軍而歸，其主要原因，就在於他始終認為，遇臨危之境，若主官不鎮定，士兵不沉著，敵我相接時，風聲鶴唳，草木皆兵，將自陷於絕境，甚至於全軍覆沒。王靖國常勉勵部屬，當軍人貴能做到「勝不能驕，敗不可亂」兩語。

中原大戰之後，晉軍縮編，王靖國由第三軍軍長，成為縮編後的第七十師師長。回顧自己的軍旅生涯，王靖國曾痛下針砭，撫躬自問個人的優點與缺點，並在自傳《四十歲之回顧》（此書由傅作義題簽），具體寫出了自我反思與檢討，認為自己的長處如下：自立自強進取不懈、耐勞忍苦不畏艱難、隨時隨地用心體察、遇事處置詳思熟慮、對人接物忠厚誠恕。在自傳中，對個人的短處，也未予放過，而寫出如下的總結：稟賦庸弱感覺遲鈍、思慮過度易流於優柔寡斷、思想消極易流於知足退守、缺欠涵養常覺煩悶躁急、言語有時不慎行為有時不檢。

陸軍第七十師師長王治安先生肖像，《包頭市開鑿東西水道工程報告書》，頁 15。

王靖國部被編為第七十師後，與傅作義駐紮綏遠，傅氏任綏遠省主席。1932 年閻錫山將編餘所部悉數改為軍墾，成立「綏遠屯墾督辦公署」，並擔任督辦，由王靖國任助辦，實則為執行督辦職務。彼時，第七十師師部、綏西警備司令部，以及屯墾督辦公署，均設於包頭城內前街的一所院內（亦即目前的勝利路 57 號，現已被指定為「包頭市重點文物保護單位」，建物前立有石碑）。1936 年，王靖國晉升為第十九軍軍長，在此期間，日夜殫精竭慮，對綏西建樹頗多，故被人稱為「綏西王」。

王靖國部駐防包頭達十年之久，除軍事之外，其餘如政治、經濟、教育、文化、醫療等各方面，均有不可磨滅的貢獻。1985 年，陝西「包頭市東河區文史資料編纂委員會」出版《東河文史》，共計收錄二十八篇文章，內中一篇題為〈「綏西王」王靖國在包頭〉之文，對中共建政以前，王靖國主政包頭的情形，有較全面的記載。有鑑於該文所述各節，無不信而有徵，茲舉其犖犖大者，摘述如下。

屯墾

第七十師以兩整團加一個營，共編為二十八個屯墾隊，紮寨屯兵。將五原、臨河等地之荒地，全部劃為屯墾區，有計畫地逐步進行屯墾，而且為求實效，多方延攬外地具有農業知識之專家，前來出任主要職務。再者，由於農業需要充足的水源，乃利用後套原有的水利資源，全面開渠灌溉，把原來負責軍墾的部隊，分散居住於各屯墾區，發展出小農經濟。此外，王靖國並大力發展屯墾區的畜牧業，解決軍民耕作、運輸及食物的需要，同時也完備了軍馬的需求。

創辦墾業金融機構

為籌措軍墾費用，王靖國創辦了墾業銀號，發行流通券五百萬元，在市面上與國內四大銀行所發行的法定貨幣同時流通，並以此基金收購布疋、藥材等物資，運往山西、河北銷售，經營有成，惟因抗戰軍興，王靖國奉閻錫山之命，將部隊撤回山西後，此一金融機構遂告無疾而終。

發展文教及地方公益事業

民國二十年代，包頭教育水準落後，學齡兒童的入學率偏低，王靖國有鑑於此，乃撥款創辦「求實小學」，該校各項設備一應俱全，實行六年一貫制教學，學生有二百多人，1937 年日寇入侵包頭後被迫停辦。

王靖國重視資訊的傳播，創辦了「邊聞通訊社」，屬於週刊性質，每週編印十六開油印本一份，刊登地方新聞及屯墾進展，免費提供三百家報社及文化單位選用，亦於 1937 年停刊。

在充實地方衛生設施方面

1934 年，王靖國設立「安惠醫院」（筆者按，王靖國字治安，夫人名楊惠生，此醫院取名為「安惠醫院」，就是從兩人的名字中各取一字，作為院名）。醫院設內、外兩科，除院長外，配有醫師、護士及藥劑師，相較於當時包頭的一些私人診所，設備不僅更為齊全，而且醫療技術較高，收費亦較低廉，因而很受民眾歡迎。

修建東西水道防洪工程

當時包頭地勢因北高南低，且有東西兩條水溝貫穿到城外，每遇暴雨，山洪從城外順溝灌入城內，殃及住在低窪地區的民眾，往往造成他們生命財產的重大損失。1934 年，王靖國接受縣長和士紳的建議，撥款六千元，並派遣一連士兵，協助開挖東西兩條洩水道工程，竣工後並在西門大街建了一座石碑，上面鐫刻著「東西水道落成紀念碑」。

包頭市開鑿東西水道開工典禮攝影，《包頭市開鑿東西水道工程報告書》，頁 18。

包頭市開鑿東西水道落成典禮大會攝影，《包頭市開鑿東西水道工程報告書》，頁 19。

包頭市開鑿東西水道收支欵項數目清單

計開

收入項下

一收省政府補助洋壹萬元
一收第七十師王師長治安捐洋貳千元
一收商　會捐洋伍千元
一收召安鎮捐洋壹百元
一收興旺鎮捐洋壹百元
一收新治鎮捐洋壹百元
一收圖豐鎮捐洋壹百元
一收天方鎮捐洋壹百元
一收官泉鎮捐洋壹百元
一收太平鎮捐洋壹百元

此工程因地方歷經災荒，財政困難，幸蒙各方人士捐款，名單中可見第七十師師長王靖國捐洋二千元。《包頭市開鑿東西水道工程報告書》，頁 44。

建設公共休閒場所

王靖國為籌建包頭公園，乃向省政府申請補助款，派遣士兵整平地面，並從北京等地購來松柏樹苗，以及各種花草植栽。此外，修建了人行步道及欄杆，引進泉水，堆疊假山，並在園內建起藏書室和閱覽室，供遊客休憩和閱讀書籍。

軍事行動

王靖國身為綏西警備司令，維持地方治安是其重責大任，乃聯手傅作義主席所部，共同剿匪，平息綏西一帶佔地為寇的匪患。此外，孫殿英的第四十一軍，雖奉派至青海軍墾，惟到達包頭後，久駐不走，大肆製毒及假銀元，招兵買馬，並向地方強索軍糧，地方不堪其擾。後在南京政府的一再催促下，才率部向西進發，欲借道寧夏，被馬鴻逵攔堵，南京政府密令閻錫山派傅作義和王靖國前後夾擊，孫軍大敗。經協商後，孫部向傅、王繳械，官兵獲發路費，遣返原籍，戰禍終告平息。

栽培地方人才

包頭的學子，尤其是在外地上大學者，花費極大，一般家庭難以供給，王靖國得知後，決定發給他們助學津貼，補助名單如下：

尹仁甫	北京大學
李樹茂	北京農學院
李太和	北京工學院
吳佑龍	天津北洋工學院
高粲夫	北京農學院

對王靖國的為人處事的綜合評述

在〈「綏西王」王靖國在包頭〉一文的結尾，對其行誼，有堪稱公正客觀的評述，為求真實，將原文照錄如下：「生活樸素，平易近人。王因受儒家教育很深，養成樸素勤儉作風，為官亦較為清廉，從不擺官架抖威風，遇事能和部下商議，廣聽群言，善於採納別人意見，對部下從不苛責。對家屬則嚴於管教，一貫勤儉持家，其母過八十大壽時，也沒大辦壽筵，……這些美德，是一般官僚政客根本做不到的。」

文中提到王靖國生活樸素勤儉，乃是受儒家教育影響所致。其實，他是因幼承寡母庭訓，不管在外頭當了多大的官，家風一直保持如此。特別是其母中年開始信佛後，長年茹素，平日家中一天只吃兩餐，早餐常是稀飯饅頭，晚餐為素炸醬麵，配菜多為炒馬鈴薯絲或炒綠豆芽。王靖國從外地回家，有時廚師臨時會為他燒個肉片湯麵，兒女才能跟著受惠。

陸軍中將　榮祝雷王

榮臻	二四、四、五、	陸軍大學五期保定軍校一期砲科	前二二、九、二八、	河北棗強	
榮鴻臚	二五、一、二四、	保定軍校一期騎科	前二四、一、三、	山西渾源	
祝紹周	二五、一〇、五、	保定軍校二期步科	前一九、一二、一四、	浙江杭縣	于二四、四、二六、敍陸軍少將
雷飈	二五、一、二四、	湖南將弁學堂步科		湖南邵陽	
王靖國	二四、四、八、	保定軍校五期步科	前一九、七、一八、	山西五台	
王俊	二四、四、八、	日本陸軍大學日本士官一四期工科	前一八、一一、四、	廣東澄邁	
王贊斌	二五、一、二七、	廣西陸軍速成學校	前二二、八、一一、	廣西憑祥	
王纘緒	二五、二、二五、	四川陸軍速成學校砲科	前二四、五、九、	四川西充	
王暤南	二五、一〇、五、	陸軍大學七期	前一九、五、三〇、	浙江黃岩	于二五、二、二九、敍陸軍少將
王以哲	二四、四、六、	保定軍校八期步科	前一八、一〇、二五、	吉林賓縣	已故

一五

《陸海空軍軍官佐任官名簿》，第一冊（1936），頁15。

第五章　寫下遺書
血戰崞縣與忻口

忻口會戰的序幕，是崞縣之戰。十九軍王靖國部守了六夜五天。在當時一個城能守上好幾天的，便是忠勇的好部隊。以我軍火力之差，裝備之劣，蔣公所期望於他們的，也只是如此而已。

——黎東方著《蔣公介石序傳》

抗日戰爭之初，王靖國的第十九軍布防於晉北的雁門關一帶，1937 年 9 月 30 日接獲閻錫山的電令，指示王靖國率杜堃、田樹梅、段樹華、姜玉貞四個旅，連同直屬部隊，根據「依城野戰」方式，固守崞縣十日，以掩護我軍佔據忻口，對抗來犯的日軍。

以敵我兵力的懸殊，王靖國深知此役必為九死一生的殊死戰，乃由前線派人送親筆信給母親，內容為「兒奉命堅守崞縣，此次戰爭，不比以往，是民族生死存亡之戰。兒身為軍人，保家衛國自為己任，決與城共存亡，萬望母親能體諒兒一片愛國之心。請母親保重身體，攜帶全家暫避後方，不必以兒為念。」等語。王靖國之母深明大義，對來人說：「養兵千日，用兵一時，現在正是軍人報效國家的時刻，你回去告訴他，我馬上就帶全家南下，他可一心保國，不必掛念我們。」

10 月 4 日，日軍向崞縣北門逼近，10 月 5 日拂曉，敵軍開始猛攻北城，先以編隊飛機交替轟炸，地面的砲火也同時猛攻我陣地，我方北關陣地幾乎全被摧毀，團長劉良相及團附均陣亡，田旅餘部仍拚死抵抗，團長石煥然在北城督戰時亦不幸殉難。王靖國抱著與城共存亡的決心，誓死抵抗來犯的日軍，部隊傷亡極其慘重，旅長田樹梅甚至赤膊上陣，而王自己始終不下火線。在幾乎面臨全軍覆沒的關頭，參謀長梁培璜才電趙戴文主席，奉准後撤，第四〇七團突圍後，剛過滹沱河，發現軍長王靖國尚未脫險，又組成敢死隊回頭營救，終於在城內天主堂的地窖內找到了王靖國，立即拉他出城。

等大家衝到城門口時，王靖國卻對副官長李子潤說：「我回去也是一死，不如就讓我死在崞縣城好了！」眾人見狀，就力勸說：「部隊全撤退了，你一人又如何能守得下去」，他這才在敢死隊的簇擁下退出城來。為何會說出「我回去也是一死」這樣的話，是因為同為保定軍校第五期步兵科的同班同學、第六十一軍軍長的李服膺，月前在天鎮縣抵抗日軍進犯，浴血奮戰十天，奉令率部撤出防線後，竟遭究責，以擅自後退為由被槍決。時任第二戰區第七集團軍總司令的傅作義，曾痛惜的說：「盤山（屬天鎮縣）失守，怎可將罪責全落在李軍長一人身上，真是可恨、可惜又可歎！」王靖國和李服膺是結拜兄弟，兩人交誼深厚，對李服膺的冤死，自是既不捨又心驚。

崞縣一役，我軍傷亡慘重，但使不久後爆發的忻口大戰，得以從容佈防，而忻口之戰，國軍堅守二十三天，犧牲極大，換得南京政府得以安全撤至漢口。

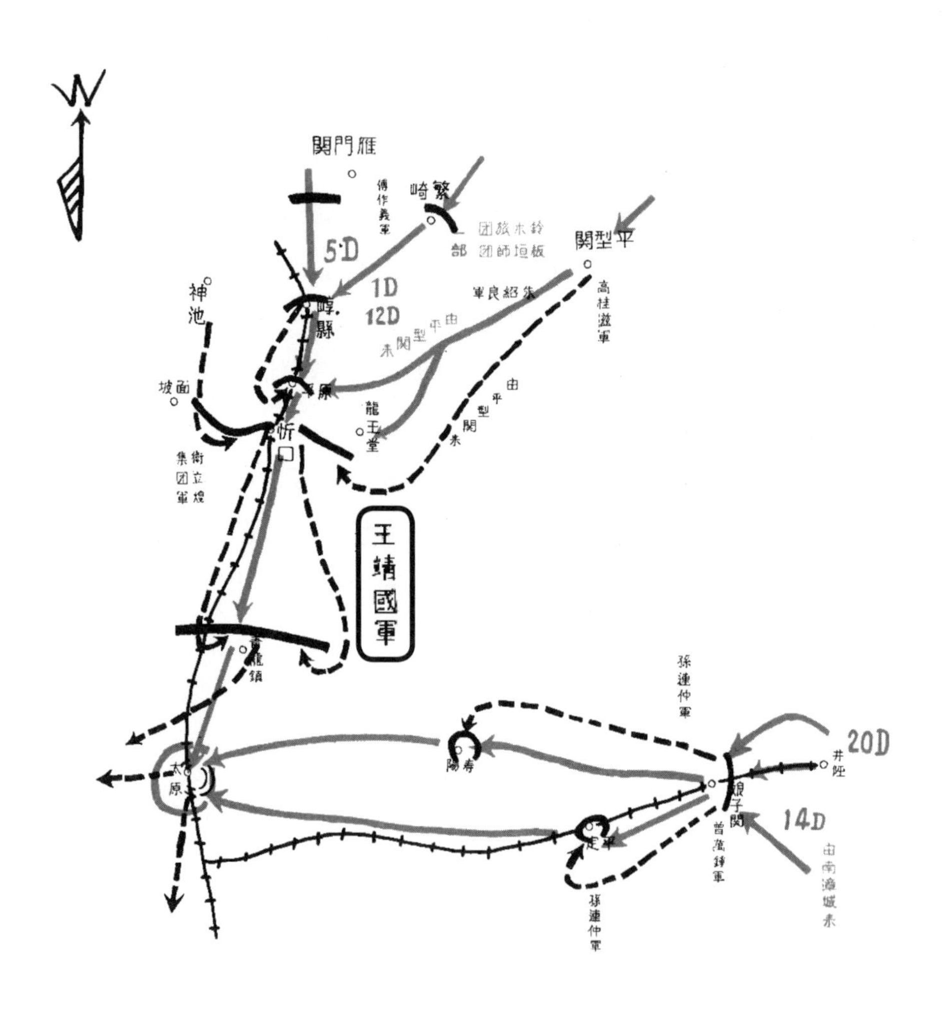

忻口（太原）會戰經過要圖（二十六年九月二十二日至十一月九日）：國史館藏，002-020300-00008-183-001

緊接而來的忻口會戰，則是抗戰初期，國軍在華北戰場面對日軍的大舉入侵，所展開的一場殊死決戰，交戰地點是在山西北部雁門關內的軍事重鎮，太原的北部屏障。該戰日方部隊為板垣征四郎率領第五師團和察哈爾派遣兵團等，我方守軍先後投入戰鬥者計約十六個師，正面投入九十七個團，敵後配合作戰七個團，其中多數部隊經過南口、天鎮、平型關等戰役，兵力人數達十八萬。我軍消耗砲彈五萬餘發，手榴彈數百萬發，由此兩項數字，即可想見當時之戰鬥何等激烈。其慘烈程度，僅次於台兒莊戰役，我方官兵死傷近十萬人，而敵軍傷亡，據後來閻錫山統計，亦有數萬人之多，可說重創了來犯的日軍。

忻口戰役遺址，位於山西忻州以北二十五公里處的忻口村，歷史上即為一處重要戰略要地，有鑑於忻口之役是抗戰時期山西省極為重要之戰役，中國大陸乃於 2019 年，將此遺址列為全國重點文物保護單位，並建有紀念牆以供憑弔。該牆建於忻州市忻府區忻口村北的山坡上，牆高四公尺，寬十二·四公尺。牆頂矗立著高四公尺的戰士群雕。牆體正面為寬九公尺、高二公尺的浮雕，其上雕有二十二個形態各異、栩栩如生的英雄群體，展現在戰場上奮勇殺敵的壯烈場景。牆體背面刻有〈忻口抗戰記〉，全文如下：

忻口戰役，是抗戰初期華北地區規模最大、歷時最久、戰鬥最烈的一次戰役。是役，從一九三七年十月十一日開始，至十一月二日結束。經二十三日激戰，擊斃日軍一萬餘眾，使其精銳第五師團等部遭受沉重打擊。適值忻口抗戰六十周年之際，為緬懷先烈，弘揚民族正氣，特立此牆以為永誌。

大陸所建「忻口抗戰紀念牆」

依據已故軍事史學者劉鳳翰教授的研究整理，以及時任第十四軍軍長李默庵的回憶錄《世紀之履》與其他相關資料，參與忻口會戰的戰鬥序列如下：

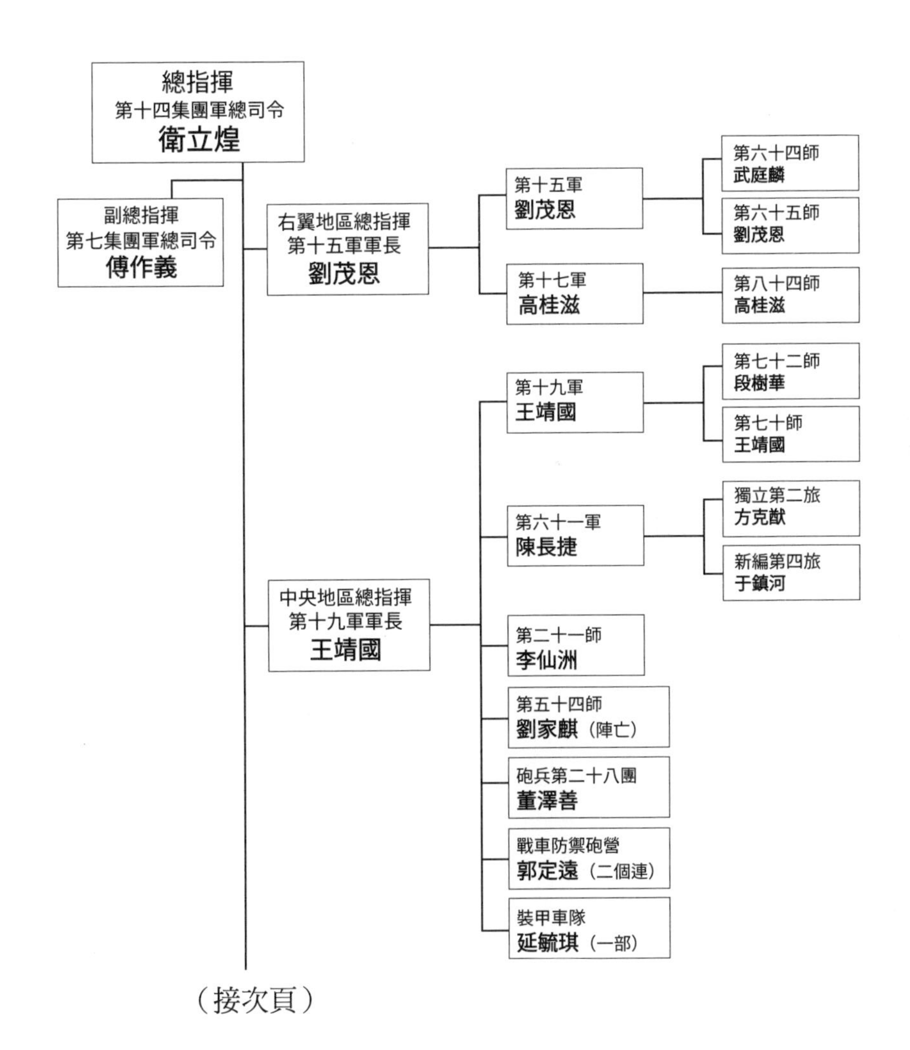
總指揮
第十四集團軍總司令
衛立煌
副總指揮
第七集團軍總司令
傅作義
右翼地區總指揮
第十五軍軍長
劉茂恩
第十五軍
劉茂恩
第六十四師
武庭麟
第六十五師
劉茂恩
第十七軍
高桂滋
第八十四師
高桂滋
中央地區總指揮
第十九軍軍長
王靖國
第十九軍
王靖國
第七十二師
段樹華
第七十師
王靖國
第六十一軍
陳長捷
獨立第二旅
方克猷
新編第四旅
于鎮河
第二十一師
李仙洲
第五十四師
劉家麒（陣亡）
砲兵第二十八團
董澤善
戰車防禦砲營
郭定遠（二個連）
裝甲車隊
延毓琪（一部）

（接次頁）

（承前頁）

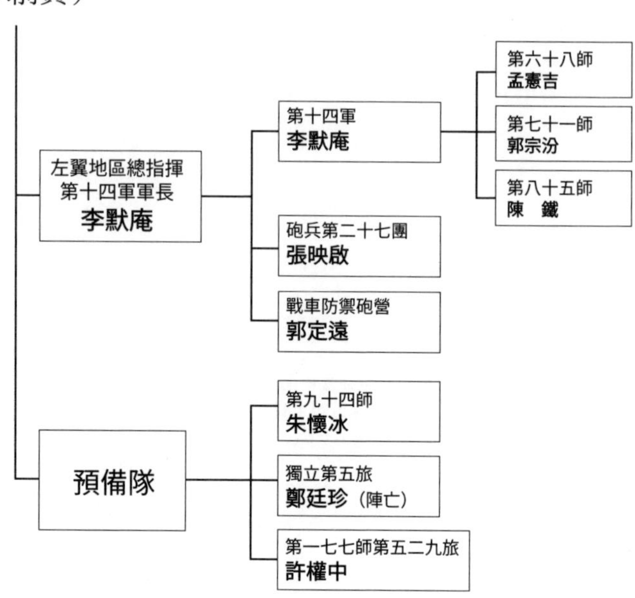
左翼地區總指揮
第十四軍軍長
李默庵
第十四軍
李默庵
第六十八師
孟憲吉
第七十一師
郭宗汾
第八十五師
陳　鐵
砲兵第二十七團
張映啟
戰車防禦砲營
郭定遠
預備隊
第九十四師
朱懷冰
獨立第五旅
鄭廷珍（陣亡）
第一七七師第五二九旅
許權中

中央地區所指揮，與會戰期間增援之部隊，總戰鬥序列則如下：

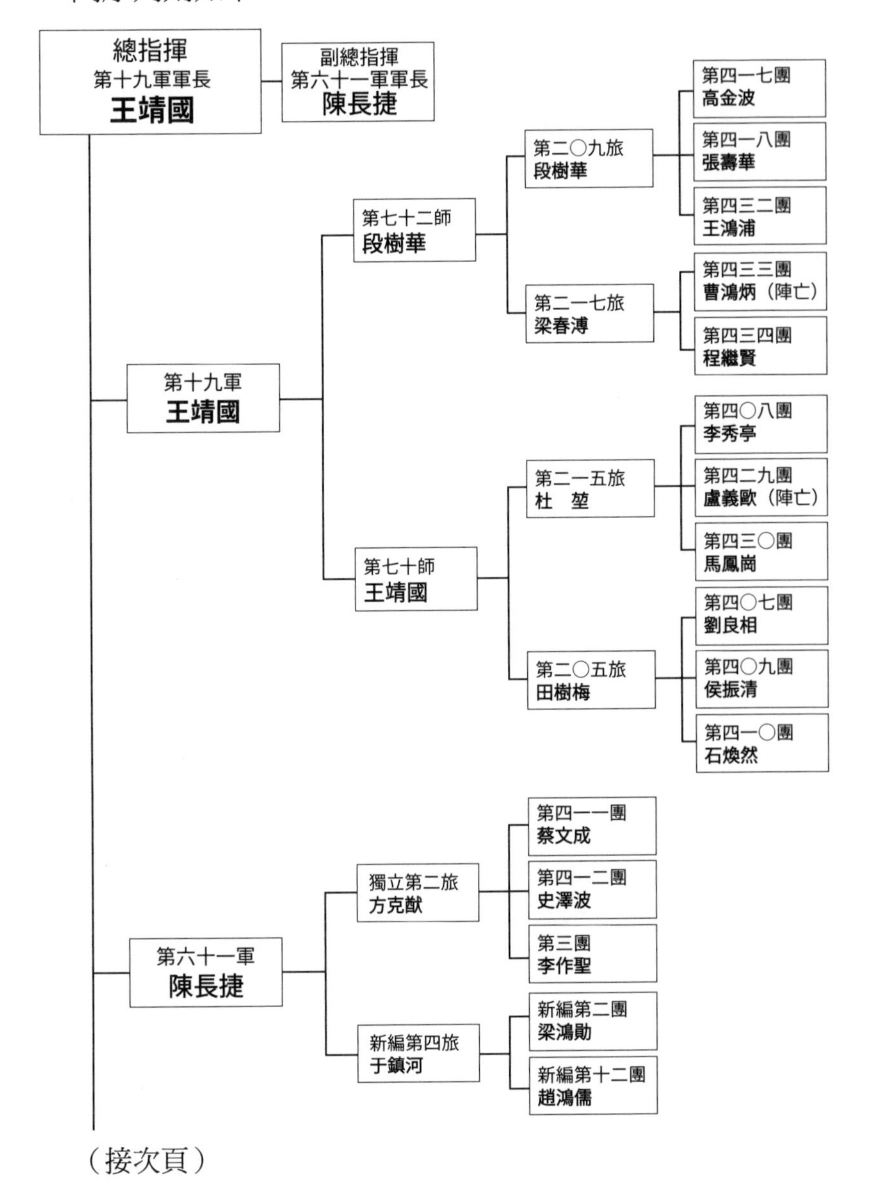

（接次頁）

（承前頁）

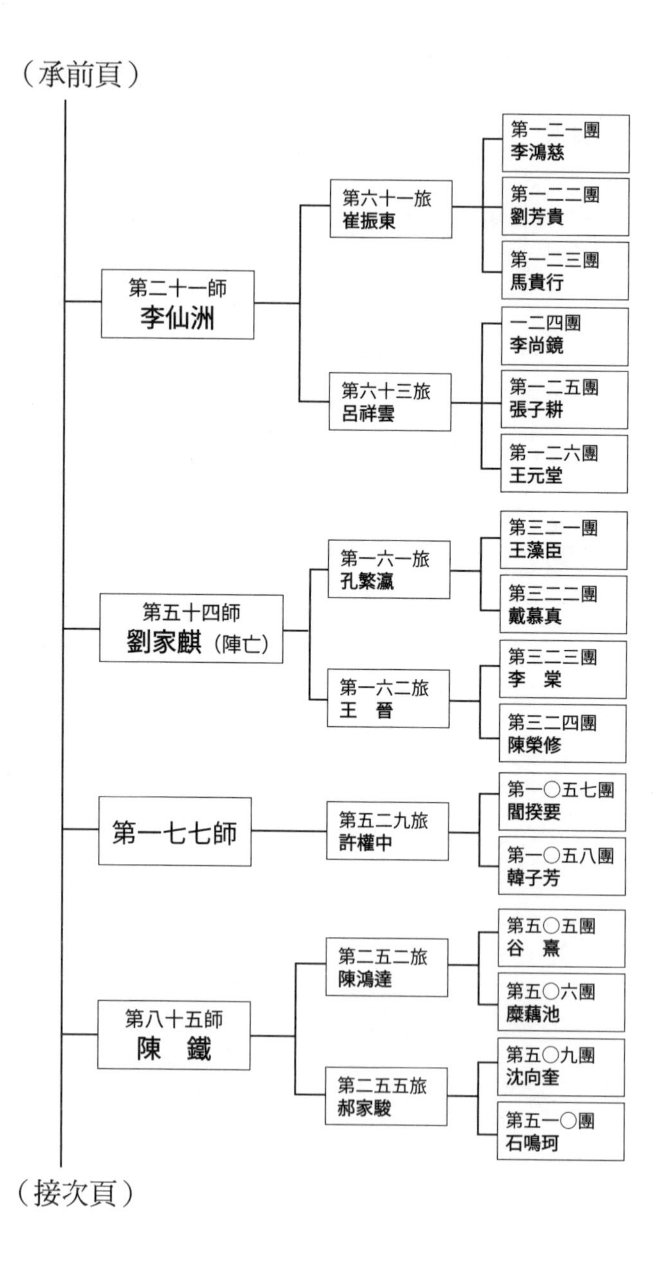
第二十一師
李仙洲
第六十一旅
崔振東
第一二一團
李鴻慈
第一二二團
劉芳貴
第一二三團
馬貴行
第六十三旅
呂祥雲
一二四團
李尚鏡
第一二五團
張子耕
第一二六團
王元堂
第五十四師
劉家麒（陣亡）
第一六一旅
孔繁瀛
第三二一團
王藻臣
第三二二團
戴慕真
第一六二旅
王　晉
第三二三團
李　棠
第三二四團
陳榮修
第一七七師
第五二九旅
許權中
第一〇五七團
閻揆要
第一〇五八團
韓子芳
第八十五師
陳　鐵
第二五二旅
陳鴻達
第五〇五團
谷　熹
第五〇六團
糜藕池
第二五五旅
郝家駿
第五〇九團
沈向奎
第五一〇團
石鳴珂

（接次頁）

（承前頁）

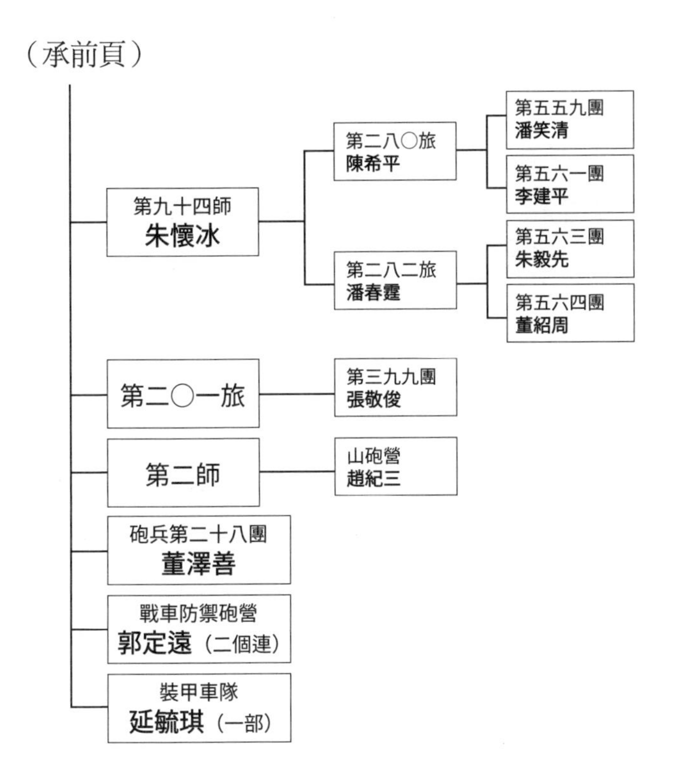
第九十四師
朱懷冰
第二八〇旅
陳希平
第五五九團
潘笑清
第五六一團
李建平
第二八二旅
潘春霆
第五六三團
朱毅先
第五六四團
董紹周
第二〇一旅
第三九九團
張敬俊
第二師
山砲營
趙紀三
砲兵第二十八團
董澤善
戰車防禦砲營
郭定遠（二個連）
裝甲車隊
延毓琪（一部）

忻口戰役電報披露王靖國如何奮戰

國史館所藏檔案以及山西省忻州市政府所編《忻口戰役揭密》一書，完整記錄了第十九軍在忻口之役中的機密電報，從下面選錄之其中數則，可知戰況之激烈程度。

1. 十月十六日（閻錫山電）：

 王軍長敏密：著該軍長所率各旅迅速開赴金山舖，聽衛總司令指揮。增援各軍。此次戰事，關係華北存亡，著該軍長戴罪圖改，嚴督各旅拼死殺敵，以贖前愆。

 〔按：此指崞縣失守。〕

2. 十月十七日（衛立煌電）：

 即送十九軍王軍長、六十一軍陳軍長：茲著治安兄為中央兵團總指揮，介山兄為中央兵團副總指揮。

 〔按：王靖國，字治安；陳長捷，字介山〕。

3. 十月十九日（衛立煌電）：

 二十里舖王軍長治安兄：查連日激戰，我各軍忠勇犧牲固巨，然敵也傷亡慘重。綜據檢獲敵遺檔文件及筆記，敵因精銳之大場聯隊南懷化之役全部覆滅，士氣已陷悲觀。惟此次戰役，固為我華北所關，亦為敵軍生死所繫，故仍拼死進犯，冀為孤注一擲，倘能堅持到底，必操勝利。且敵後方交通已為我八路軍截斷，困難較我為尤甚。務須督勵所部益加奮發，爭此最短時間之最後勝利。無任急盼。

4. 十月十九日（王靖國電）：

職今日到忻口附近視察戰況，對前線師旅長諭以努力撐持之必要，均極感奮。並在忻口北方紅溝山洞晤陳軍長，見其位置過於靠前，敵之砲火及機槍火力均可達到。查其指揮所，本係前次出擊時所選定。自郝軍長殉國，第一線部隊均由陳直接指揮，因通訊及士氣關係未能移動，陳軍長已六日未得就寢，雖精神振奮，而體力未免過勞。原擬加入段、杜兩部調整戰線後移駐金山鋪附近，因連日被敵猛攻，以致未獲調整態勢。為稍節勞計，已著段師長就近留駐相助為宜。

5. 十月二十日（王靖國、陳長捷電）：

一、敵於卯巳申三次對我官莊南方高地附近之陣地猛攻，我陣地全被摧毀，傷亡重大，幹部尤甚。

二、拂曉，杜旅盧團之恢復攻勢未成，團長受傷後隨即殞命。團附、營長均受重傷，官兵傷亡約十之八。該旅李團長受輕傷後復受重傷，官兵傷亡過半。馬團現加入維持陣地。
三、梁旅宋團並所指揮之三九九團，因損害重大，陸續加入段師之王團及魏團，亦受重大損害，兩團餘部均不過二百人。
四、孔師左翼官莊陣地屢成動搖，先加入段師張團之一營，繼加入許旅之韓團，該團午後出擊未成。
五、段師及許旅之殘餘約四營，現置於通紅溝小徑之兩側高地。
六、全線現均沉默，制高點半入敵手，我正聯絡調整中。除督率官兵恢復氣勢，以備鏖戰外，謹聞。

6. 十月二十一日（王靖國電）：

忻口戰事關係重大，官兵皆知。各級幹部均抱成仁之決心，與敵作殊死戰，惟自早大舉出擊未成功，我則陷於被動地位。下午，二十一師六十三旅因旅長受傷致陣線動搖，將官莊迤南兩山頭被敵占領，則我處處受其瞰制，萬難立腳，連日五圖恢復，演成爭奪戰，肉搏衝鋒十數次，戰況至為激烈，雙方傷亡均大，我梁旅、杜旅、段師及三九九團共九個團之番號，實力亦足有七團之眾。迄至現在，均已傷亡殆盡，綜計各部殘餘不足二千二百人。各團有僅餘四、五十者，犧牲之慘烈於此概見。似此敵之突破，越擴越大，越鑽越深，我則兵力日耗，彌補益難，實已苦撐至最後階段。若日內無有效挽回之計，誠恐一旦奔潰，前途實不堪設想。中央地區所指揮之師旅單位十三、四個，系統不一，部署混雜，臨時令職與陳軍長負責指揮，實有難言之苦。除嚴督各部有一兵一官即與敵拼命苦撐到底外，綜合數日實況奉聞。

7. 十月二十四日（王靖國、陳長捷電）：

敵用飛機大炮向我陣地全面轟擊，我官兵傷亡甚多，我梁旅長、杜旅長及八五師陳旅長均與士兵在一線上苦撐。梁旅之一營只剩士兵十三、四人，由營長團結，仍在山頭堅守，官兵必死之決心於此概見。過午，敵炮火漸形沉寂，敵步兵向我陣地迫近，我殘餘官兵猛擊，傷亡不少，現正分向各點增援，努力維持原陣地中。謹聞。

8. 十月二十五日（王靖國、陳長捷電）：

一、午後十二時許，我杜、梁、許各旅因敵數次迫近我陣地，當各派小部隊乘夜暗出擊，摸至敵人近前，以手擲彈猛烈轟擊，敵狼狽逃去。計獲敵小砲二門，重機槍一挺，輕機槍五挺，擲彈筒兩具，圖囊一個，軍刀一把，正在檢交中。斃敵四百餘名，我傷亡官兵計五十餘名。

二、敵一部同時向我八十五師孫旅正面攻擊甚烈，經派九十四師之一營向八十五師正面增援，士氣為振，果敢應戰，將強敵擊退。

三、晨敵機數架在我陣地上空偵察。除督飭各部積極加強工事外，謹聞。

9. 十月二十七日（王靖國、陳長捷電）：

（一）自昨（二十六）日黃昏迄現在，敵人砲火漸稀，飛機亦只向職（長捷）指揮所及後方交通路施行轟炸。委因敵我相距甚近，形成陣地戰，敵用對壕及坑道向我進攻，我亦用對壕坑道向敵逆襲，敵之飛機大砲對此區域未能發揮。

（二）近日以來，我官兵奮勇擊敵，斃敵甚多，但我亦陸續損失，逐次消耗，各部殘餘之數，計八十五師全師僅剩五百餘人；梁旅全旅及段師之四一八團共餘不足二百人；三九九團只餘一百餘人；杜旅全旅剩餘不足二百人；段師之四一七團餘六、七十人；四三三團餘八、九十人；杜旅擔任據點，名為五團，實力僅三百人左右。許旅兩團連日損失，據稱亦僅剩四、五百人。

（三）自二十一師六十三旅因旅長受傷，致陣線動搖，忻口西北官村迤南之陣地，被敵突破以後，我各部官兵與敵反復衝擊，有仍搶險鏖戰十一日夜，犧牲固屬壯烈，損失亦甚重大，雖由職等指揮無方，然情勢使然，實有不得不如此之原因，現在敵人增兵強攻，我則殘餘苦撐，刻刻消耗仍堪顧慮，除鼓勵官兵拼命到底外，謹聞。

10. **十月三十日（王靖國、陳長捷電）：**

請示新編第四（于鎮河）旅、二一七（梁春溥）旅、二〇九（段樹華）旅、二一五（杜堃）旅，自參加忻口會戰以來，損失奇重。所有陣亡受傷官兵詳細名冊正在繕造中。計每團剩餘官兵最多者不過五、六十員名，少者僅二十餘員名，其中尚多係迫擊砲手與重機槍手、步槍手、輕機槍手、衝鋒槍手，幾傷亡殆盡。現由七十三師接替下來，實在再無應戰之力。惟各旅辦公人員及雜役兵夫連同騾夫每日向兵站領糧者，為數尚在不少。為此未能任戰部隊常在前方消耗給養，實屬非計，可否將各該部調至相當地點，以旅為單位重為整編，並由各旅派員到各醫院調查輕傷傷癒者令其歸隊，以備再戰。敬候鈞裁示遵。

11. 十月三十日（衛立煌電）：

綜合情況

（一）卅日以來，敵砲空向我靈山以西一帶陣地轟炸，我工事全毀，敵步兵六、七百分向我南郭下東南及一二六三高地猛烈攻擊，我官兵浴血拼戰，傷亡慘重。刻由援隊增加，仍在肉搏中。

（二）南懷化方面，敵昨增援約一聯隊以上，向我平頂山扆團及七十三師攻擊，均經擊退，斃敵三百餘。

（三）左翼之敵連日犯我朦騰村及南峪未逞，卅以一部以坦克車四輛為先導，向我樓板間觀上村馬旅郭團進攻，經我逆襲，潰向南北大常逃去。

（四）綏署電侵人娘子關之敵約一師團，砲六十餘門，與我刻在陽泉以東王家莊等地區對戰中。又敵一部竄平定東南之常家溝，我軍在水峪溝、丁莊之線截擊中，又我十二師仍在新舊關與敵激戰，特達。

忻口戰役國軍浴血奮戰的影響

忻口會戰國軍雖重創了來犯的侵華日軍，但也付出了慘痛的代價，單以王靖國所指揮的中央兵團來說，第九軍軍長郝夢齡殉難，第五十四師師長劉家麒率部苦戰七晝夜，全師最後僅剩不到百人，劉師長亦不幸陣亡。

蔣中正委員長讚揚於忻口浴血抗戰的將士：「寧惜一死，挺身殺賊，誓雪國恥，無忝炎黃。」中國大陸的元老政治家任弼時，在其所撰〈山西抗戰回憶〉一文中，亦公正的指出：「忻口戰爭是華北抗戰中最激烈的戰爭，郝、劉兩將軍在前線同時作了壯烈的犧牲，衛立煌將軍指揮下的全線部隊，雖遭受了重大傷亡，毫未動搖；許多忠勇將士的英勇奮鬥，是值得每個同胞永遠紀念的。」

要之，此次會戰儘管國軍方面失利，但因守軍奮勇抵抗，從而消耗了大量日軍的兵力，為我方爭取了轉進的時間。易言之，此役嚴重破壞了日軍的河北平原會戰計畫，使平漢線的國軍隊得以安全南撤。太原失守後，在華北戰場的正規戰爭，基本上已告結束。

太原會戰主要將領

閻錫山

衛立煌

孫連仲

傅作義

王靖國

郝夢齡（殉國）

開戰時間：1937 年 9 月 11 日～11 月 8 日
參戰人數：中方 58 萬，日方 14 萬
傷　　亡：國軍 10 萬，日軍 3 萬

忻口戰役指揮官在 1949 年大陸易幟後的結局

對日抗戰初期華北地區最主要的戰爭忻口之役，戰鬥慘烈的情形，從上述國軍中央地區總指揮王靖國所率領的第十九軍的電報文件中，足可見出概況，相關的作戰指揮官在 1949 年國共內戰、山河變色後，各人的遭遇及命運又是如何，茲表列如下，以供參考：

衛立煌	第二戰區前敵總指揮	1955 年春由香港返回大陸，曾任中共國防委員會副主席等職務
傅作義	副總指揮	1949 年 1 月棄守北京，後擔任中共水利部長達二十三年
王靖國	中央地區總指揮	死守太原六個多月，城破被俘，兩年多後病死於中共獄中
李默庵	左翼地區總指揮	1949 年移居香港，後遷居阿根廷、美國，1980 年代回中國定居
劉茂恩	右翼地區總指揮	1949 年隨政府到臺灣，任總統府國策顧問

由上述簡表可知，抗日忻口戰役諸指揮官人生最後的結局如何，已不言可喻，而王靖國一生崇拜精忠報國的岳飛，故號「夢飛」，中國大陸有文說他是一員真正的戰將，是晉綏軍中的關羽，為國披肝瀝膽，不畏生死，洵為公正之言。

由於在忻口戰役的英勇表現，1939 年 1 月第二戰區擴編，成立了四個集團軍，分別為：第六集團軍（總司令為楊愛源）、第七集團軍（總司令為趙承綬）、第八集團軍（總司令為孫楚）、第十三集團軍（總司令為王靖國）。其中王靖國指揮的十三集團軍，較特殊的是所轄的騎兵第一軍，是當時國軍中較少的軍種，下面有三個騎兵師，師長分別為韓春生、盧鴻恩、燕登榜。此軍的軍長沈瑞，人緣極佳，在國共內戰的晉中戰役中失蹤（實際被俘），未太受折磨，後擔任山西省府參事多年。

陸軍第十三集團軍總司令　王靖國

王靖國字治安，世居山西省五台縣新河村，生時父已去世百日矣，遺產甚薄，依母針工為生。年七歲即立志求學，以圖上進，於民國七年由保定軍官學校畢業，歷任連營團旅師軍長，兼任綏遠全省警備司令、綏區屯墾會辦、綏遠省黨部委員，現任十三集團軍總司令。於二十八年奉閻司令長官委為第二戰區幹部集訓團副團長，訓練各級幹部近兩萬人。在辛亥革命時即參加革命，於討袁洪憲復辟及北伐各戰役均經參加。自抗戰以來，不惟在各戰役特樹戰績，尤對總理遺教、總裁言論及閻司令長官主張，莫不竭盡心力發揚光大，■■抗戰之必勝，建國之必成。

（原收錄於閻錫山故居庋藏《第二戰區之過去與現狀》書稿，由民國歷史文化學社於 2022 年出版）。

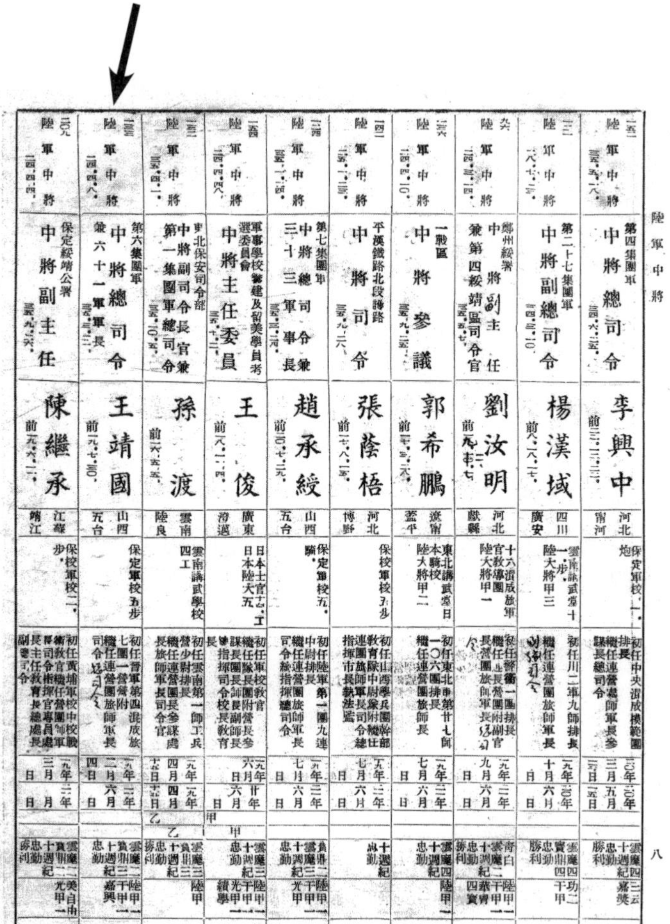

陸軍中將

官階	職務	姓名	籍貫	學歷	經歷	年月日	年月日			勳	獎	頁
一五二 陸軍中將 三五・五・六・	第四集團軍 中將總司令 三四・六・二五・	李興中 前三・三・三・	河北 甯河	保定軍校一・炮	初任中央混成模範團排長 繼任連營處師軍長參謀長總司令	二〇年三月二〇日	三〇年五月一五日			雲麾四 十週紀 忠勤 勝利	三云 嘉獎	45
三 陸軍中將 一八・十・二〇・	第二十七集團軍 中將副總司令 二四・三・一〇	楊漢域 前八・八・一七・	四川 廣安	雲南講武堂十一・步・ 陸大將甲三	初任川二軍九師排長 繼任連營團旅師軍長 副總司令	一九年十月日	三〇年六月日			雲麾四 寶鼎四 忠勤 勝利	三功二 干甲	43
六六 陸軍中將 二四・三・二四・	鄭州綏署 中將副主任 兼第四綏靖區司令官 三五・五・七・	劉汝明 前九・五・七	河北 獻縣	十六混成旅軍官教導團 陸大將甲一	初任警衛一團排長 繼任連營團附副官長 營團旅師軍長 總司令	一九年九月日	三〇年六月日			青白 雲麾二 十週紀 忠勤 勝利	陸甲一 干甲一 華胄 四寶	47
一六六 陸軍中將 二四・四・一〇・	一戰區 中將參議 三五・九・二三・	郭希鵬 前一五・四・二六・	遼甯 蓋平	東北講武堂 日本騎校 陸大將甲二	初任東北軍第廿七師一〇六團排長 繼任連營團旅師長	一九年七月日	三〇年六月日			雲麾四 十週紀 忠勤	陸甲一	48
一四一 陸軍中將 二五・一・二五・	平漢鐵路北段護路 中將司令 三五・九・一八・	張蔭梧 前一七・八・一五・	河北 博野	保定軍校五・步	初任山西學兵團幹部教育隊中尉隊附 繼任連團旅師軍長司令總指揮 市長執法監	一九年七月日	三〇年六月日			十週紀 忠勤		49
一二四 陸軍中將 二五・一・二五・	第七集團軍 中將總司令兼 三十三軍軍長 三五・三・二八・	趙承綬 前一〇・七・一九・	山西 五台	保定軍校五・騎・	初任陸軍第一團九連中尉排長 繼任連營團旅師軍長司令總指揮總司令	一九年七月日	三〇年六月日			負鼎二 雲麾三 十週紀 忠勤	陸甲一 干甲一 光甲	50
一四四 陸軍中將 二四・四・四八・	軍事學校籌建及留美學員考選委員會 中將主任委員 三五・十・二・	王俊 前一八・一・一四・	廣東 清遠	日本士官十七・工 日本陸大五	初任軍校教官 繼任隊長團附營長參謀長師長副師長指揮司令校長教育長	一九年六月日	廿年六月日	甲	甲	雲麾三 十週紀 忠勤	陸甲一 干甲一 光甲一 績學	51
一三二 陸軍中將 三五・四・一・	東北保安司令部 中將副司令長官兼 第一集團軍總司令 三五・一〇・五・	孫渡 前一八・五・五・	雲南 陸良	雲南講武學校四・工	初任雲南第一師工兵營少尉排長 繼任連營團長參謀處長旅師軍長司令官	一九年四月十五日	一九年四月十五日	乙	乙	負鼎三 雲麾三 十週紀 忠勤 勝利	陸甲	52
一三三 陸軍中將 二四・四・八・	第六集團軍 中將總司令 兼六十一軍軍長 三五・三・二・	王靖國 前一九・七・三〇・	山西 五台	保定軍校五・步	初任晉軍第四混成旅七團一營營附 繼任連營團旅師軍長司令 總司令	一九年二月四日	二一年六月日			雲麾二 負鼎三 十週紀 忠勤	陸甲一 干甲一 嘉興	53
二〇九 陸軍中將 二四・四・四・	保定綏靖公署 中將副主任 三五・九・二六・	陳繼承 前一九・六・二・	江蘇 靖江	保定軍校二・步・	初任黃埔軍校中校戰術教官 繼任營團附軍師司令指揮官專員處長 主任教育長總處長 副司令	一九年三月日	二一年月日			雲麾二 寶鼎二 十週紀 忠勤 勝利	美自由 光甲一	54

八

《現役軍官資績簿》（1947），頁8。

第六章　蔣委員長與王靖國之關係

王靖國自保定軍校畢業後，投身閻錫山麾下，屢建軍功而獲不次拔擢，是閻氏治理山西在軍事上最具實力的人物之一，又依據現存種種史料，可見王靖國雖非蔣委員長的嫡系將領，卻極受到蔣的青睞。

為讓讀者能夠一目了然，將相關事實的時間序說明如次：

（一）1934 年，蔣委員長在廬山成立軍官訓練團，自任團長，陳誠出任副團長兼教育長，受訓人員擴展至全國各部隊，包括東北軍、晉軍、西北軍、中央軍。王靖國奉命參訓，並被指定為該期營長，結訓時獲考評第一，蔣委員長特給予兩萬元之獎勵。

1934 年廬山訓練，左起：王靖國、劉建緒、張學良、曹福林等合照，國史館：008-030800-00017-026

第一期營長左起：王以哲、劉建緒、王靖國等合照，國史館：008-030800-00017-029

（二）1934年11月8日，蔣委員長偕夫人專程到山西五台縣河邊村給閻錫山尊翁閻子明拜壽，途經太原時，未下榻於山西省府接待貴賓的傅公祠組碧樓，而是住進了位於太原西華門六號的王靖國公館，蔣委員長對王將軍之母執禮甚恭，見及楊惠生女士稱嫂夫人，事後並致電表彰王靖國的孝道。

事實上，有關蔣委員長伉儷訪太原之經過，頗多歷史記載，不僅提到閻錫山對蔣氏的到訪極為重視，曾事先撥款整修王靖國公館，作為臨時招待所，且有如下較詳細的紀錄：「11月2日，閻錫山從河邊村趕到太原，親自安排迎接事宜。7日下午，孔祥熙、李子范作為先行人員從南京飛抵太原。8日晨，傅作義來電稱『渠隨蔣先生10時由綏遠乘飛機來并〔按：并，為太原的別稱〕。』11時半，閻錫山到機場迎接，蔣介石偕宋美齡於午間抵并，寓王靖國公館。」

蔣中正抵綏遠（由右至左）傅作義、傅夫人劉芸生、宋美齡、蔣介石、宋哲元、王靖國合影，《東方雜誌》，1934 年第 31 卷第 23 期

（三）「蔣中正日記」於 1942 年 9 月 8 日記載中，提及是日召開軍事會議，聽取各戰區簡報，對代表第二戰區出席的王靖國所提之對日作戰方法，極表肯定，認為「多有可採取者，余令會中注意研究」。而前一天的日記提及，蔣委員長晚間單獨約王靖國來談，告以趙承綬雖亦為第二戰區代表，但因其過去代表閻錫山赴太原與日軍接洽投降條件，極為不妥，乃決定不讓其出席報告。

《蔣中正日記》1942 年

9 月 5 日

會客，見王靖國、趙承綬二人，趙乃閻派往太原與敵接洽之代表，而今派其來西安赴會，未知其用意何在，閻本人則不敢應召來會，此其尚有良心存在，無顏以對故人乎，抑其心懼不敢來見乎，余仍以至誠應之。

9 月 7 日

晚約王靖國來談，為趙承綬到會報告，甚恐影響會中各將領之精神與紀律，甚覺處置為難，以其既為閻之代表，赴太原與敵軍接洽投降條件，又派其來此與會，此種不知廉恥之人，實羞予為伍也。乃決不令其出席報告，亦不指明其過去之行動，只望其以後能改過耳。

9 月 8 日

下午自三時至六時半，開會聽取報告，第二戰區王靖國對於作戰方法，多有可採取者，余令會中注意研究，蓋不可以人廢言也。

（四）1945 年，日本戰敗投降後，王靖國以第十三集團軍總司令的身分，率軍駐守山西省西南的臨汾。蔣委員長擬重用王靖國，打算派其出任河南省主席，特令胡宗南攜其親筆函至王將軍駐地密商。王靖國為示對閻錫山的尊重，經請示後未獲首肯，只得婉謝。至於蔣委員長何以特別看重王靖國，研究者若讀到國史館所出版《胡宗南先生日記》，在 1943 年 11 月 4 日有如下一段紀錄：「王靖國談閻作歷史上事，決不走錯路，但王因本身環境不佳，故擬組織團體，擁護中央。」胡宗南將軍日記中這一段簡短的文字，雖然較為隱晦，惟已可推知王靖國對蔣所領導的中央政府，表達了全力支持之意。

（五）中央政府播遷來臺後，王靖國在臺家屬，僅餘一門孤寡，卻被有關單位列管，經常在半夜突來警察到家「保安檢查」，此一如「白色恐怖」之現象持續二十多年之久，惟另一方面，總統府卻在逢年過節致贈禮金慰問王夫人，從未間斷，當年據國防部親送慰問金之官員稱，蔣總統曾多次垂詢王家在臺家屬近況，其實，蔣公對國共內戰期間，哪些戰役打得最為慘烈，以及哪些將領最為忠勇，何嘗不是瞭若指掌。

……………………………………………………………………

（本文中所提到的王靖國將軍夫人楊惠生女士，為山西太谷縣人，父楊桂山，東北法政學堂畢業，經商有成；母溫玉萱，官宦後裔；姨父常贊春，為三晉著名教育家、文學家、書法家。王夫人在烽火硝煙的離亂時代，輾轉逃難來臺，克勤克儉，茹苦含辛撫育兒女成人。）

楊惠生女士
少女時照片

散步於太原老家
花園中

筆者外婆
溫玉萱女士

第七章　將軍的最後一役——太原保衛戰

王靖國戎裝照

論戰爭規模，國共戰爭（對岸稱解放戰爭）計有三大戰役，即遼瀋會戰、徐蚌會戰（淮海戰役）、平津會戰，太原戰役並不包括在內。然而根據中國大陸 2009 年所攝製的紀錄片《決戰太原》報導，太原戰役從 1948 年 10 月 5 日至 1949 年 4 月 24 日，歷時六個多月，是解放戰爭中時間最長、戰鬥最激烈、付出代價最慘重的城市攻堅戰。

國共三大戰役與太原戰役「歷時」一覽表

戰役名稱	歷時	天數
遼瀋會戰	1948 年 9 月 12 日至 1948 年 11 月 2 日	52 天
徐蚌會戰 （淮海戰役）	1948 年 11 月 6 日至 1949 年 1 月 10 日	66 天
平津會戰	1948 年 11 月 29 日至 1949 年 1 月 31 日	64 天
太原戰役	1948 年 10 月 5 日至 1949 年 4 月 24 日	202 天

「妳可革妳的命，我要盡我的忠」

在 1949 年國共內戰的末期，亦即徐蚌會戰、平津戰役結束不久，被三十多萬共軍團團圍困的太原岌岌可危。是時，共軍最高指揮官徐向前一再修書勸降，時任第十兵團司令兼太原守備司令的王靖國回信大意說：「今生今世不知投降一詞為何意，如今除決一死戰，別無他話可言！」

不少有關記述太原戰役的歷史資料中，都提到在 1949 年 3 月間，王靖國在北平求學的四女兒王瑞書，攜帶共軍指揮官徐向前的親筆信，通過封鎖線回到太原，婉勸父親效法傅作義的作法，和平解放太原。王靖國不改初衷，對女兒這樣說：「太原已成一座孤城，外無救援，實難確保，但我是軍人，軍人以服從為天職。如果閻有命令叫我投降，我就投降，閻沒有命令，我只有戰鬥到底。傅作義夠個俊傑，但我不能學他。妳可革妳的命，我要盡我的忠。」

趙承綬冒死說項，王靖國不為所動

王靖國與傅作義、趙承綬、李服膺等晉綏軍赫赫有名的將領，皆出身於保定軍校第五期，交誼深厚，早年就義結金蘭。1948 年 6 月趙承綬在晉中戰役落敗被俘。1949 年 4 月太原被圍困的最後階段，共軍主帥徐向前就派遣趙承綬進入守軍陣地，要求入城談判和平解放太原事宜。王靖國在電話明告以：中央有令，被俘人員不得進城；閻氏不在，無人作主；要趙依原路返回。

綏遠前線之勝利：國之干城指揮國軍創建奇勳之（自右起）王靖國、傅作義、趙承綬三將軍，《中華（上海）》，1936 年第 49 期

即使在共軍總攻太原前一天，為了對城內守軍作最後的爭取，趙承綬再次攜帶徐向前的勸降書，前往閻守軍前沿的某個團部，打電話給王靖國，力勸其為全城軍民的生命財產和個人前途著想，務必效法拜把兄弟傅作義的抉擇，及時和平起義，惟仍遭嚴詞拒絕，王靖國也勸趙承綬千萬不要勉強入城，以免遭受不測，在如此生死交關的時刻，仍顧念到

彼此一輩子的交情，僅此一端，已可看出王靖國重視情義的為人。

太原城破前閻錫山最後的電文

1949 年 3 月 28 日，閻錫山接獲代總統李宗仁的急電，略以「黨國大事，待我諸公前來商決，敬請迅速命駕」，翌日下午閻錫山由太原危城飛往南京，把軍政大權交給了梁敦厚（字化之，省政府代主席）、王靖國（第十兵團司令兼太原守備司令）、孫楚（綏靖公署副主任兼第十五兵團司令）、趙世鈴（綏靖公署參謀長）、吳紹之（綏靖公署祕書長）五人小組。其中梁化之負責與閻錫山聯繫，所有請示報告，以及閻錫山下達的機密指示，都必須先通過梁化之之手。

在共軍發動總攻、太原城破在即的 4 月 23 日中午，於南京被共軍攻陷前已先一步撤至上海的閻錫山，雖然一直對太原戰局加以遙控，但最後關頭，終於動了惻隱之心，改變主意，從上海發來電報說：「為了保護幹部，軍事上不能解決，可以政治解決」，明確表達了可以投降的決定，繼而午夜，又向太原守軍下達了這樣的指示：「萬一不能支持，可降；唯靖國、化之兩人生命難保。」

不過，據說這兩封電報是由梁化之親自譯的，在梁氏自殺後，才交到眾人手中，彼時太原城已被共軍攻破，為此太原綏靖公署祕書長吳紹之感慨道：「就因拖延了這麼幾個鐘頭，竟把和平解放變成了投降。」吳氏會有此言，實因共軍指揮官徐向前，對避免最終階段的殊死血戰，尚存一線希望，乃在 4 月 22 日向太原守軍發出了最後通牒，可想而知，若那時太原方面就已接獲閻錫山「可以政治解決」的最後指示，太原一役的結局，諒不致如此慘烈。

2009 年，中國為紀念太原解放六十周年，所拍攝的紀錄片《決戰太原》中，還原了前述真相，甚至找出了當年閻錫山所發出的密電，足見考證嚴謹周延，並非虛構此一情節。

閻錫山對未能與太原共存亡抱憾終生

閻錫山離開太原後，由於局勢愈趨緊張，終究未能再回到故里，1949 年 6 月，他在廣州就任行政院院長兼國防部部長，曾透過廣播電台，播出他對山西同胞的講話，如今在網路上，仍可搜尋到當時的原聲錄音，內容如下：

> 山西全體同胞們，我這一回沒有趕上回到太原，同我的文武幹部及全體軍民共同奮戰、共同犧牲，我很慚愧。我心上也很不安。現在我天天想

到這裡，心上還非常難受。但我在一天，一定一刻不會忘了你們！

他對自己終未能與太原軍民共赴患難，還是惴惴難安，很過意不去。

閻錫山與王靖國等合影

太原淪陷前城內的情形

共軍攻打太原花了六個多月，南京是在 1949 年 4 月 23 日被共軍攻陷，太原比南京還晚一天陷落，是山西最後淪陷的城市。經過一個冬天的圍困，國軍此時物資非常缺乏，城內軍民生活的慘狀，可以想見。當時擔任晉軍營長的康耀先，多年後曾撰文回憶說，在被圍期間，民眾家存的一點糧食日漸告罄，亦無蔬菜可食。軍隊全靠南京空運來的紅大米定量供應，士兵們每頓一碗，常餓肚子，半數以上士兵患了夜盲症。

1949 年 5 月 3 日的《中央日報》刊載，閻錫山在中央紀念週報告太原保衛戰經過，加上他對時局之意見看法，提到：「……第四、軍民生活的困苦：軍食雖始終賴中央空運接濟，惟氣候影響，難免有時有不濟，且部隊除食鹽外，副食毫無，以致營養缺乏，半數以上士兵患夜盲疾……人民則自去年入夏以來，食糧來源即告斷絕，糠粃豆餅成為主食，最後草根樹皮爭取之以充飢。」可見當時太原城內軍民過著艱苦的生活。

中國文史學者陳應謙對此有更寫實的敘述：「太原一天比一天吃緊，解放軍一天比一天接近城垣。閻軍士兵因為只吃紅大米，吃不上油鹽蔬菜，十人之中有六、七人成了夜盲，不要說拿槍作戰，連走路也看不見。他們互相攙扶著。你拉我，我拉你，像瞎子一樣，一串一串地走在街上。市民、工人、學生、公務員及家眷，更是饑餓不堪，一天天臨近死亡。」後人讀到此處，能不為之一掬同情之淚，感受到戰爭的殘酷無情？

再如山西地域文化網站「太原道」，所刊〈將軍死戰哀太原——王靖國的最後一戰〉中，如此據實描述：「太原戰役後期，市內各醫院收容的傷員多達一萬五千人，有關官員想從輕傷員口中擠出些白麵大米來保障軍隊的供給，結果，憤怒的傷兵們上街遊行，他們沒有奔赴戰場，而是潮水般湧入王靖國的公館，用拳腳與拐杖發瀉著內心的憤懣。很難想像，身心疲憊的王靖國從前線歸來之後，看到滿院狼藉時會是怎樣一種心情，沒有人懷疑他的忠誠與努力，但是，內外交困，大勢已去，回天無力，徒喚奈何？」

該文亦提及晉軍將領商得功因病過世，前往弔唁的王靖國觸目感懷，曾哀嘆說：「我繼得功之後，大去之期，亦將不遠矣。」事實上，負責守衛平津的傅作義、陳長捷，可說是王靖國及太原守軍在黑暗中的僅有的一線光亮。然而，1949 年 1 月，拒絕放下武器的陳長捷，全軍覆滅於天津，守北平的傅作義亦被勸降成功。此時的太原，不啻成為華北的一座孤城，支撐王靖國信心的支柱一根又一根的接連倒下。在此時此刻，他會說出「大去之期，亦將不遠矣」這樣的話，已足以讓人感受出在他內心中，有一種山河欲碎的絕望與悲涼！

國民政府政論家的對太原之役結局的看法

閻錫山以太原城為中心，在周邊以鋼筋混凝土，修建了五千六百多座碉堡，以及無數的軍事據點，其密度之大，火力之強，使共軍久攻不下，由於雙方戰鬥極其激烈，且在總攻時，共軍以徐向前及彭德懷所聯合指揮的第十八、第十九、第二十，三個兵團（包括十個軍、三十六個步兵師、二個砲兵師），共三十二萬餘兵力，上千門大砲對太原城展開猛烈轟擊，致使此役國軍計有十三萬五千餘人傷亡，共軍也有四萬五千餘人傷亡，後者在攻城戰役及攻城後巷戰，傷亡人數即達三萬六千人，故中國大陸方面說，此役是解放戰爭中戰鬥最激烈、付出代價最大的城市攻堅戰。就紀錄片《決戰太原》中提到「一場城市攻堅戰的彈藥消耗量，接近於淮海戰役〔按：即徐蚌會戰〕」，即知這樣的評論，並非無的放矢。

再以地勢陡峭、憑險扼守太原關隘的牛駝寨而言，雙方寸土不讓，誓死爭奪，一天之內落下砲彈近萬發，致使焦土三尺，樹無完枝，屍橫遍地，血流成渠，慘烈至極。城破之後，第十兵團司令兼太原守備司令王靖國被俘，身陷囹圄。兩年多後，病故於中共戰犯管理所，坐牢期間親屬不准探視，死後草草處理，沒有墓碑可尋，家人無從祭拜。謹按閻錫山麾下名將，除王靖國（保定軍校第五期）之外，尚有楊愛源（保定軍校第一期）、傅作義（保定軍校第五期）、楚溪春（保定軍校第五期）、趙承綬（保定軍校第五期），孫楚（保定軍校第一期）、陳長捷（保定軍校第七期）等人，其中自以王靖國死守太原到城破的結局，最為慘烈。

不過，1980 年代，王靖國之女王鳳來的夫婿王仲甦，以旅美學人的身分回鄉探親時，大陸相關單位特意設宴招待，並邀來當年為王靖國治病的醫師作陪，說明王將軍之死並非被對岸所害。

1949 年 5 月 18 日，著名學者及政論家章士釗和邵力子，在寫給代總統李宗仁的一封長信中，曾對閻錫山力主堅守太原的做法，有過這樣的評價：「夫閻君不惜其鄉人子弟，以萬無可守之太原，已遁去，而責若輩死綏，以致城破之日，屍與溝平，屋無完瓦，晉人莫不恨焉。」〔按：信中所用「死綏」一詞，來自《左傳》，即效命沙場，以身殉國之意〕

章、邵兩位大老的看法，亦非全無道理之言，其實，筆者本人過往有機會接觸過不少在臺的山西鄉賢與耆老，他們也都有類似的臧否，是耶非耶，雖說公道自在人心，惟終究難有定論，只有留待後人說短長了。

第八章　兩岸對太原戰役的紀念

由於太原保衛戰，是國共內戰裡打得最久、死傷最慘重的一役。中國大陸為紀念此一極其壯烈的浴血激戰，特選在當時雙方軍隊寸土必爭、喋血山河的太原東山牛駝寨，斥資修建了「太原解放紀念館」。該館占地極廣，總面積達二百四十五畝，館內除高聳入雲的「太原解放紀念碑」，以及使用花崗岩為基座的徐向前巨型銅像外，尚有南北展覽室、烈士陵園等，在在展顯示了「解放戰爭」中的太原之役，確有其極為特殊地位與意義。

反觀在臺灣，雖然於1950年間，在臺北市劍潭建立太原五百完人牌坊、紀念碑、紀念堂、招魂塚等紀念建築群，並多次編印紀念專輯，惟經中國研究者劉存善撰寫《太原五百完人調查報告》，指出所謂「太原五百完人」，諸多不實，名單中有仍健在者、有病故者、有戰死者、有名號實際為同一人而重複者等等，狀況計分九大類，且為示調查的正確性，乃一一列出彼等姓名，卻未見臺灣方面有任何人提出具體證據予以批駁。

此外，臺灣著名史學家閻沁恆（山西沁縣人），在接受錄影訪問時，亦坦言他曾翻閱五百完人名單，發現竟有其健存的長輩列名其中。由於此事屢被各方質疑，2009 年臺北市政府文化局在公告「太原五百完人紀念建築群」為歷史建築時，用較溫和、客觀的文字「不盡符史實」一語，正式表達了官方的立場。

儘管有如此南轅北轍的爭議，筆者認為，彼時國家正值風雨飄搖、危急存亡之秋，政府刻意營造一個極為壯烈的事蹟，用以振奮民心士氣，鼓舞國人勇於面對國難，此舉似亦有不得已的苦衷，凡此種種，當然也不是閻錫山個人一廂情願所能做到的。

不容青史盡成灰

太原孤城在國軍死守六個多月後，於 1949 年 4 月 24 日彈盡援絕，城破淪陷，王靖國被俘，病故於中共獄中。半世紀多來，此間提及太原保衛戰，基於政治因素，只去宣揚那些並非軍人，且「不盡符史實」的太原五百完人，卻絕口不提守城的十多萬忠勇國軍，以及至死不降的最高軍事指揮官王靖國將軍，此一悲壯、忠烈之史實，無形中竟被湮滅，成為一件至為不公不義、令人扼腕之憾事。

筆者身為王靖國的後嗣，在會見中國大陸來臺訪賓時，獲贈一本題為「王公館」的精美圖冊，乃知父親當年的寓所，已被保留了下來，並被太原市政府列為名人故居，成為該市的重點文物保護對象。後因參加大陸文化部的「情繫三晉活動」，得以來到位於太原西華門六號的王靖國故居，看到掛有木製對聯「從文尊孔盡忠盡孝，習武奉關守義守節」，以忠孝節義推崇王將軍的一生，感受到現今對岸，終能撇開歷史的恩怨，還給父親應得的公道！

過後不久，筆者又在中國軍事網站「太行軍事網」，發現一篇標題為〈王靖國反共到底〉的文章，立論平實公正，不帶任何政治意識形態。原文總結王靖國的一生，末尾有如下的文字：「在 1948 年的晉中戰役中，趙承綬軍覆滅，太原處於中共軍的包圍之中，在同僚們陸續向中共軍投降，或逃亡的時候，他就任第 10 兵團總司令，兼太原守備司令，擔負了閻軍的殿後任務。他拒絕了中共軍的多次勸降，在太原城內堅守到最後。他被攻入的中共軍逮捕的地點，據說是在公署地下室的司令部裡。被逮捕的王靖國，作為戰犯被收監於太原監獄，他是直到最後也不向中共妥協的反共將帥，於 1952 年，59 歲時死於監獄。」

有感於上述各種因緣，筆者決定自籌經費，商得筆者妻子前臺北市文化局局長謝小韞監製，並請著名導演黃玉珊執鏡，攝製紀錄片《故人、故居、故事：一代名將王靖國》，以國共內戰的史實為背景，由前國安會祕書長胡為真、史學家閻沁恆教授及劉維開教授（祖籍山西盂縣）等學者專家，揭開太原保衛戰壯烈的一幕，還原長久被掩蓋的歷史真相。而且，為力求儘量符合史實，邀請了中央研究院近代史研究所張力教授參與審片。

筆者所贊助拍攝的紀錄片《故人故居故事》

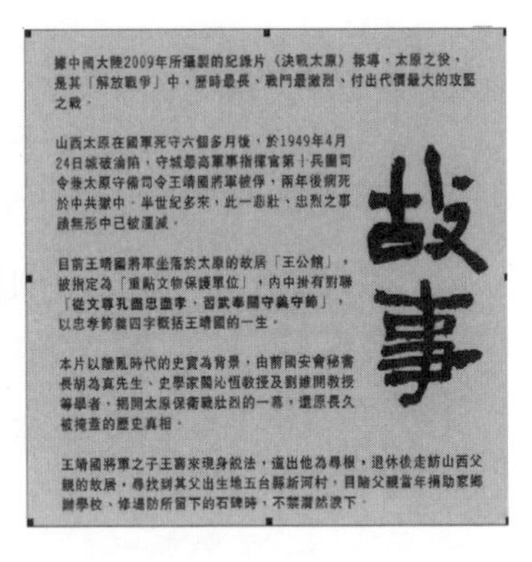

據中國大陸2009年所攝製的紀錄片（決戰太原）報導，太原之役，是其「解放戰爭」中，歷時最長、戰鬥最激烈、付出代價最大的攻堅之戰。

山西太原在國軍死守六個多月後，於1949年4月24日城破淪陷，守城最高軍事指揮官第十兵團司令兼太原守備司令王靖國將軍被俘，兩年後病死於中共獄中。半世紀多來，此一悲壯、忠烈之事蹟無形中已被湮滅。

目前王靖國將軍坐落於太原的故居「王公館」，被指定為「重點文物保護單位」，內中掛有對聯「從文尊孔盡忠盡孝，習武奉國守義守節」，以忠孝節義四字概括王靖國的一生。

本片以離亂時代的史實為背景，由前國安會秘書長胡為真先生、史學家閻沁恆教授及劉維開教授等學者，揭開太原保衛戰壯烈的一幕，還原長久被掩蓋的歷史真相。

王靖國將軍之子王壽來現身說法，道出他為尋根，退休後走訪山西父親的故居，尋找到其父出生地五台縣新河村，目睹父親當年捐助家鄉辦學校、修堤防所留下的石碑時，不禁潸然淚下。

故事

筆者所贊助拍攝的紀錄片《故人故居故事》的說明文

最令筆者感動不已的是，在臺北基督教「信友堂」教友們人聲鼎沸的大堂中，遇見胡宗南將軍的長公子胡為真，三言兩語告以拍片計畫，邀請錄影訪談時，胡祕書長真不愧為名將之後，未稍加考慮，當下就以「義不容辭」四字回應，而且劍及履及，次日當即寄來上下兩本《胡宗南先生日記》作為拍片的參考。更讓人由衷欽佩的是，當攝製團隊前往進行錄影時，他事先做了充分的準備工作，現場掛起了軍事地圖，手持指示棒，詳加說明太原戰役雙方激戰的過程。這種專業、敬業、認真的做人做事態度，數我輩人物，又有幾人能夠與其比肩？

在訪談中，胡為真對王靖國將軍不計個人生死得失，奮勇堅守太原的精神，感慨道：「明明下面是死路一條，他仍然做此決定，他不偷生」，只此一句言簡意賅、一針見血之言，已刻畫出王靖國作為太原保衛戰的守將，是何等的忠勇英烈。此外民國政治與軍事史權威的劉維開教授，在片中講到太原戰役，也一本嚴謹客觀的治學態度，指出王靖國率部奮勇抵抗徐向前、彭德懷三、四十萬共軍及一千三百門大砲的猛攻，直到彈盡援絕，城破被俘於太原綏靖公署，已盡其職責到最後，無論對國家、對山西，或對閻錫山個人，都已無愧於心。

此外，片中筆者以王靖國將軍之子現身說法，道出為了尋根，退休後回山西走訪父親的故居，甚至尋找到父親的出生地五台縣新河村。紀錄片從倡議到開拍、後製、審片、殺青，費時三年，始終是抱持「不信真理喚不回，不容青史盡成灰」的信念，追求真實，試圖回溯一段值得人們記憶的歷史。

該片殺青後，2020 年 8 月於台北「光點華山電影館」舉行首映，應邀出席此特殊題材紀錄片發表會的眾多來賓，包括軍政界、藝文界、教育界、新聞界的朋友，在觀看此片時無不為之動容，甚至不禁熱淚盈眶。前國安會祕書長胡為真先生觀後致詞說：「所謂疾風知勁草，板蕩識忠臣，我們應把自己所知道的真實歷史還原出來，讓國人知道我們的先人是如何用其生命捍衛這個國家」，為拍攝此片的意義，做了最佳的註腳。

第九章　遲到七十餘年的正義

這部抱持「不容青史盡成灰」信念所完成的紀錄片，引起相關政府部門及人士的重視，諸如當時的國防部副部長張冠群、副參謀總長徐衍璞等將領，對王靖國將軍最終得以入祀國民革命忠烈祠，均曾給予支持，發揮了關鍵性的影響力，凡此各方仗義臂助的努力，家屬都看在眼裡，感念於心。然而，正義雖然遲到，終究沒有缺席，事隔七十餘年，2021 年 3 月 26 日上午 8 時 30 分，陸軍司令陳寶餘上將主持了王靖國將軍入祀忠烈祠的儀式，政府正式還給王將軍一個公道。

參加入祀儀式的王氏家屬，包括身為王將軍後嗣的筆者及夫人謝小韞，與下一代王蘭兮、王荷兮、廖婉婷等，此外，還有中央軍事院校校友總會祕書長廖旭東少將、副秘書長鍾傳濤少將，以及山西同鄉代表徐寶壽、王鎮亞等鄉賢多人到場觀禮。軍方莊嚴肅穆的入祀儀式結束後，王將軍的家屬隨即在武烈士祠舉行了家祭。

王靖國將軍入祀國民革命忠烈祠照片

王靖國將軍入祀忠烈祠家祭後留影

筆者為入祀案申請人，心中百感交集，在 1949 年國共內戰的最後階段，徐蚌會戰結束不久，被三十多萬共軍團團圍困的太原城，岌岌可危。同父異母的姐姐被共軍派遣入城勸降，王將軍對女兒說：「妳可革妳的命，我要盡我的忠」，由此亦可見出其奮戰不屈的決心。固然很感謝現今政府肯定父親英烈的事蹟，最終能讓其入祀忠烈祠，但這一切畢竟來得太遲，高齡的母親楊惠生及長姐王鳳來皆已謝世，她們生前若能親眼見到這一幕，必然備感安慰，而不至於抱憾以終。

再者，若想到大陸方面認定「1949 年 4 月 24 日，解放戰爭中的太原戰役進入了總攻階段，人民解放軍在殲滅閻軍後，成功解放了歷時六個多月戰爭的太原，這是解放戰爭中歷時最長、戰鬥最激烈、傷亡也最慘重的一場大型戰爭」，而建造了「太原解放紀念館」，且為指揮官徐向前塑造巨型銅像，反觀臺灣，雖亦有不盡符史實的「太原五百完人紀念建築群」，卻刻意不提誓死堅守太原的第十兵團司令兼太原守備司令的王靖國將軍，此外，在臺家屬，竟然被相關單位列管及保安檢查了二、三十年，世間不公不義之事，可說莫此為甚。

筆者在接受相關機構「口述歷史」訪問時，甚至還提到管區派出所三不五時就來查戶口，家中的「戶口名簿」上簽滿了查訪警員的名字，名簿的欄位不夠用，就接了多張空白頁，如今若保留了下來，不知算不算是「白色恐怖」第一手的鐵證？

至於所謂的「保安檢查」，更讓人思之氣憤，每每都是三更半夜來敲門，一隊人馬，陣仗嚇人，只進來兩三位高階警官，不問任何話，只查看戶口名簿。筆者考取高考，進公部門服務後，對此很不以為然，有一次又遇到深夜來查，當時年輕氣盛，忍不住大發了一頓脾氣，並質疑道：「這難道是政府對待孤兒寡婦、忠良之後應有的作為嗎？」從此，王家沒有再被保安檢查。人們若再想到，與南宋抗元的陸秀夫、張世傑並稱「宋末三傑」的文天祥，兵敗被元軍俘虜囚禁，由於至死不願歸降，下獄四年後從容就義，被後人尊為民族英雄，其詩句「人生自古誰無死，留取丹心照汗青」，展現了慷慨悲壯的氣節，如何不教人仰之彌高？回頭再看王靖國，死守太原孤城六個多月，直到彈盡援絕，城破被俘，殉難於監獄。如今，人們走訪江西省富田鎮，可以憑弔已被列為「全國重點文物保護單位」的文天祥墓，而王靖國的墓又在大陸的何處呢？

筆者初入公門時的照片

無怪乎，對岸的文章〈將軍死戰哀太原——王靖國的最後一戰〉中，會有如下一段蓋棺論定、觸動人心的文字：**「王靖國的故事，很容易讓人想起周遇吉，也就是那個與李自成農民軍戰死在寧武關的山西總兵。同樣是大廈將傾，同樣是大勢所趨、無力回天，但他們卻明知不可為而為之，追隨著一個遠去的王朝化為了塵土。做為一個出身下層、肩負責任的職業軍人，支援他們信念的是最樸素的傳統價值觀念，和軍人忠於職守的責任感和榮譽感，這一點正是敗軍之將王靖國和周遇吉能夠打動人的地方！」**

附錄一　與閻錫山故居結緣的故事

2022 年

因緣際會，最後終能為閻公故居與墓園的長久之計，盡了棉薄之力。

日前，應臺北市文化局之邀，專程上陽明山，出席了閻錫山先生故居修復完成後的啟用儀式，原本慮及近來疫情嚴重，不少防疫專家都一再勸導民眾以不出門為上策，惟轉念想到，閻氏故居當年之所以能被指定為市定古蹟，跟冥冥之中，自己與此一老宅的特殊緣分不無關係，如今，若因故不去躬逢其盛，心中終不免有一種為德不卒之感！

提起「緣分」一詞，一般人在意氣風發的年輕歲月，即使讀到什麼「短短今生一面遇，前世多少香火緣」一類的話，也很難真實領略箇中的哲理，對此筆者也未能免俗，不過，直至自己穿越了人生大半輩子，歷經高山低谷的人世滄桑，看盡世間的悲歡離合之後，逐漸就有另一番體悟了。

話說 2003 年的某天上午，筆者正在辦公室批閱公文，突然接到父執輩的楊玉振叔叔的電話。高齡九十四歲的楊叔，曾是先父王靖國將軍的舊屬，後又追隨閻錫山院長工作。1949 年歲末政府遷臺，閻氏退隱山林，楊叔亦不棄不離，隨侍左右，在山上種菜養雞，過著極其清貧的生活。

閻先生 1960 年辭世後，包括楊叔在內的身邊部屬，籌組了社團組織「臺北市閻伯川先生紀念會」，負責整理及編印其著作、管理維護舊居、舉辦相關紀念活動等。那日，楊叔以長輩的身分打電話給我時，已說明他是紀念會的現任理事長，囑我務必參加次日中午的一個同鄉餐會。

講起來，楊叔可是我們家的恩人。簡言之，家父出身於保定軍校第五期，在國共內戰的最後階段，擔任第十兵團司令兼太原守備司令，率領十萬國軍死守孤城六個多月，直到彈盡援絕，城破被俘，死於中共獄中。家母帶兒女避難輾轉來台，孤兒寡母艱苦度日，遇有需要對外交涉之事，就常央請義薄雲天的楊叔協助處理。

對楊叔的恩情，我一直知之甚詳，此刻接其來電，自是欣然赴約。翌日準時到場後，才發現在座的全是擔任紀念會理監事的長輩。席間，楊叔笑呵呵的說道：「我年事已高，而壽來是咱們靖國將軍的後人，目前在中央文化部門當主管，就請他來接我的位子如何？」眾人以楊叔馬首是瞻，咸表贊同，我亦無從推託，只得從命。

那一年的 10 月 8 號，也就是閻院長冥誕當天上午，我追隨諸鄉賢去了陽明山參與祭拜。目睹多位風燭殘年的老人家，在兒孫的攙扶下，勉強拾級登抵墓園的情景，內心的感動真是無以名之！

念及閻氏去世已如此之久，而過去在他身邊服務的秘書、醫官、侍從、警衛等老部屬仍能忠心耿耿，不忘舊主，在現今世風日趨澆薄的社會中，此種情操何其難得，想來閻氏待人接物，乃至照顧屬下，必有其深得人心之處吧！

致祭結束，我又移步到咫尺之遙的閻氏故居「種能洞」，見證了此一仿中國北方窯洞形式所建的石造屋，主人縱已離去數十寒暑，眼前的空屋除卻牆面略顯斑剝陳舊外，仍大致維持了原貌，不消說，屋況之所以尚能差強人意，紀念會相關人士長年認真的照管，實在功不可沒。

儘管如此，一想到有「山西王」之稱的閻先生，可是民國以來叱吒風雲的政治要員，在 1949 年國共內戰的最後階段，他擔任行政院院長兼國防部部長，負責將中央政府播遷來臺，晚年隱居山陬，著書立說，其棲身之所，無論從歷史的背景及建物的特色而言，實在有資格取得文化資產的身分。

基於這樣的考量，我就以紀念會理事長的名義，致函北市文化局，建議將閻院長故居指定為市定古蹟，經過該局現勘與審議，在 2004 年獲得通過。事後，在一次到大陸的參訪途中，巧遇曾任北市文資委員的辛晚教老師，我對他當年大力支持此案一事，表達了衷心的感謝之意。

閻氏故居的文資定位公告之後，我注意到古蹟的保存區域，並不包括那塊坐北朝南、圓塚方碑的閻氏墓園在內，有鑒於此，我又二度致函文化局，盼能再度啟動文資審議程序，將墓園一併納入古蹟範圍，復經審議通過，在 2010 年，墓園也同樣取得了市定古蹟的身分。

至此，此事本該算是告一段落，惟因當時我自己正負責全臺的文資業務，一向主張古蹟的「保存修復」、「管理維護」、「活化再利用」三個塊面，可比喻成「等邊三角形」，應等量齊觀才對，而閻氏故居與墓園取得了文資身分，僅算是走出了第一步，後續要如何進行，非紀念會所能推動，因而又透過管道取得閻家旅居美國兩位公子的聯名信，內中陳明願將故居無條件捐給政府公用。

原以為順理成章，從此閻氏故居將轉變成公有資產，後續工作將由市府一肩扛起，紀念會則可功成身退，隱於幕後。然而，當文化局為此事召開協調會議時，市府相關部門卻提出了三大問題：紀念會拿不出建物權狀、長年欠稅、未能證明此為全部繼承人的共同意願。

幸好我久經公務歷練，乃能依法婉轉說明，例如：市府自身擁有的不動產中，亦有不少並無權狀，只列入財產清冊者，如今只是再多此一筆，何樂不為；若說一旦欠稅，就不行把房產捐贈給公家，此一見解恐怕於法無據；至於閻院長兩位在世的哲嗣，確實是目前所僅能聯繫到的閻氏後代，二人的親筆信意願清楚，並無疑慮。於是乎，經過這樣一番折衝後，擔任主席的文化局謝小韞局長發言表示，既然市府各相關單位均無異議，該局願意承擔，至此將故居捐贈給市府一事，總算底定。

猶記，2011 年 5 月 23 日上午，市府在閻氏故居現址，舉行了隆重的捐贈儀式，我曾應邀出席觀禮，歲月匆匆，一晃又過了十餘寒暑，我再度應邀前往陽明山，面見如同故人般的閻氏故居。

將閻錫山故居正式捐贈給台北市政府舉行的儀式

不禁念及閻先生對家父有知遇之恩，家父因而聽其命，死守山西太原到最後，成為國共內戰中最慘烈的一役，而我被家父的舊屬楊叔推薦出任紀念會理事長，要不是恰好自己在中央負責文資業務，又哪裡懂得何謂古蹟、歷史建築什麼的，因緣際會，最後終能為閻公故居與墓園的長久之計，盡了棉薄之力。

走筆至此，心中有千般思緒飄過，想到生前死後，吾家竟有兩代人為閻公效命，這又如何不教人有所感嘆，世間的緣分是何等的玄妙難測！

附錄二　青山翠竹凌霄節

2004 年

文史學者辛晚教老師在電話中告訴我，經過「臺北市古蹟暨歷史建築審查委員會」多位委員的現場會勘，已達成共識，建議將位於陽明山的閻錫山先生故居，指定為市級古蹟。此一消息令我大感欣慰，心中也有幾分如釋重負之感。

幾年前，由於鄉賢的抬愛，我被推選為「臺北市閻伯川先生紀念會」（閻氏，字伯川）的理事長。此類社團組織，顧名思義，應屬聯誼性質，每年該會最主要的一項活動，就是在閻氏冥誕之日，也就是 10 月 8 日當天，聯袂上山祭拜，以示追禱之意。

這幾年，每次上墳的人，不過二、三十位，多為當年閻氏身邊的祕書、侍衛、舊屬，以及這些鄉賢的後代。閻伯川先生病逝於民國 49 年 5 月 24 日，當年這批人就算是年富力強之輩，現在也都垂垂老矣。

其中有人已年逾九十，其餘也都年登耄耋，身子骨雖非特殊健朗，多數尚可不靠兒孫的攙扶，自行勉力拾級登高。我雖忝為理事長，但基於輩分，堅持由年長的會員原馥庭先生擔任主祭。

在山風習習的吹拂下，擺好祭品，點燃供香，眾人面對墓碑，一字排開。主祭者除上香、獻花、獻果、獻爵外，並誦讀祭文，帶領陪祭的眾人肅穆地行鞠躬禮。看到主祭的老人家顫巍巍地將手中爵杯之酒，緩緩傾瀉於地，三次獻酒，才澆奠完畢，心中真有無以名之的感動。很難想像，閻先生辭世都已四十多年了，這些故舊竟還能表現得如此忠心耿耿，想來閻氏待人接物，定有超邁古今之處！

在中國近代的政治舞台上，姑且不論功過如何，閻伯川先生長期以來一直是一名能夠呼風喚雨的要角。武昌起義時，閻氏在山西率部響應，被推為都督；對日抗戰期間，擔任第二戰區司令長官並兼山西省政府主席，堅禦外侮；民國 38 年，國共內戰方興，風雨飄搖之際，他在廣州出任行政院長兼國防部長，力圖挽救危局；嗣於大陸撤守，他將中央政府遷移來臺，其後隱退臺北近郊的草山（後改名陽明山），專心著書立說，直至病故都不再聞問世事。

閻伯川先生在山上的故居，距其墓園約數百步之遙，說是故居，只不過是仿大陸北方窯洞打造的石頭屋，內部的隔間及陳設非常簡陋，僅略勝過我在金門外島服預官役時所住的碉堡而已。該屋初具生活與防禦性的基本功能，並無規模可言，若非親眼目睹，實不敢相信這就是一代黨國大員晚年的住所。

筆者在金門服役時照片

數十年來，閻氏故宅並無任何人居住，公家也從未介入維修，它能保存完好的關鍵原因，當然是仰賴這些舊屬的照應，其中的張日明先生更應居首功。他曾擔任閻氏的侍衛官，這麼多年來，風雨無阻，天天帶著幾隻土狗上山巡視閻氏故居及墓園，不容任何流浪漢侵入，也負責維護清潔。

每次見到張先生的面，我都忍不住要多瞧上他幾眼，心中暗想，是什麼樣的大恩大德，什麼樣的前世宿緣，能讓這樣一位訥訥寡言的老人如此死心塌地、義無反顧地護衛故主？我不禁連想到，這些鄉賢也已風燭殘年，他們以個人之力來維護閻氏故居，畢竟不是長久之計，而中國大陸當局早將閻氏在山西省五台縣河邊村的舊宅，指定為名人故居，當成歷史建築物維護，並開放民眾參觀。海峽這一端的臺北，若也能如此，由政府接手維護、管理，對外開放，於公於私當屬功德無量，而且可讓一般民眾，甚至台面上的政治人士，體認到曾經掌握國家命運的大人物，也可以生活得這般簡樸，進而有所省思，其意義豈不更為深刻？

此議獲得諸鄉賢的認可，乃以紀念會名義具函臺北市政府文化局，正式提出請求，幾經該局召開會議研商、履勘，終獲正面結論。鄉賢張月明先生聞訊，欣慰之餘，也一再表示，在市政府接手之後，有生之年，他仍願為閻氏故居做一名永不退職的志工。張君的義行，讓我想起有人為明朝冤死忠臣袁崇煥之墓，世守數百年，代代不改其志的真人實事。

披閱黎東方的《細說明朝》與金庸在其名著《碧血劍》後所附的袁崇煥傳，眼前飄過一幕幕「人事有代謝，往來成古今」的歷史場景，其中最讓我為之扼腕的，就是明思宗崇禎聽信反間，且為掩飾自己的愚昧，不惜枉屈忠良，硬將最能保衛大明江山的儒將重臣處以慘絕人寰的凌遲，造成千古冤案。崇禎殘暴無道，自毀社稷，至死還要說什麼「朕非亡國之君，諸臣皆亡國之臣」，把亡國滅身之責完全推給臣子，足見其昏庸至極，明朝享祚斷於崇禎，亦可謂其來有自。

袁崇煥遇害時年僅四十六，比岳飛受難於三十九歲，不過年長七歲，正是春秋鼎盛的壯年。受刑後頭顱被一名姓佘的部下冒險盜走，偷偷掩埋於自家後院，因怕遭遇不測，隨即辭官，隱姓埋名。臨終前他才將秘密透露給家人，留下遺訓，交代家人在其死後，將他埋於袁氏一側，與大將軍生死相隨；而且佘家後人不許為官，世世代代必須為袁氏守墓。截至目前，歷經三百七十多年，佘家子孫始終恪遵祖訓，從未擅離守墓之職。年前佘家第十七代後人佘幼芝女士在大陸接受媒體訪問，暢談佘家為袁崇煥守墓數百年的辛酸歷程，此一故事才逐漸傳開。

佘家那位忠義懍然的先祖大名，已無從查考，現存的一塊墓碑僅刻有「明故先考佘太公之墓」數字，世人來此臨風憑弔之時，心中一角難免也會興起幾分漣漪，甚至不免喟嘆：古往今來有多少可歌可泣的無名英雄事跡，被淹沒在波濤滾滾的歷史長河之中！

日前，我與嶺南畫派大師歐豪年教授茶敘，談到袁崇煥是廣東東莞人，跟祖籍廣東茂名的歐大師恰是同鄉。歐大師說，大陸前不久已為袁氏修葺舊墓，而他自己也為重修太老師高奇峰先生在南京的墓園，多方奔走，出錢出力，半年前已大功告成，可以告慰其先師趙少昂先生。

歐教授十七歲拜香港畫壇巨擘趙少昂為師，苦修精研，成為繼承嶺南畫派衣缽的水墨大師。在師門學藝時，就常聽趙老師講述奇峰先生的生平事跡與不凡畫技，這些年來念茲在茲，也陸續以鉅金收進多幅奇峰先生的代表作品。他早注意到太老師在民國 22 年間辭世後，先是歸葬於廣州，三年後又由國府明令移葬於南京近郊的棲霞古寺，當時國民政府主席林森先生還親題「畫聖高奇峰先生之墓」墓碑。

近幾年，歐大師多次前往中國大陸參訪及舉行畫展，心中雖有探訪奇峰先生墓地的盤算，但一直苦無適當機會。去歲 4 月，他應邀在「南京博物館」畫展，開幕後略有餘暇，院長徐湖平先生徵詢意向，他即據實以告，於是，就在徐院長、博物館的莊天明所長以及鄭奇教授等多人的陪同下，一行直奔棲霞古寺，向寺方說明來意後，沒有太費手腳，就順利找到高奇峰先生的安息之地。

這裡頭還其實還有一段曲折，原來，高奇峰名氣雖大，一生未婚，並無子孫，嶺南派的門人又多在海外，其墓年久失修，漸被遺忘。嗣因棲霞山採礦，坍塌下來的落石不斷，將墓碑壓斷埋住，四周雜卉叢生，甚難辨識。雪上加霜，墓地無人過問下，乃被湮沒七十餘年。

所幸棲霞古寺的檔案室主任徐業海，也是一個有心人，幼年他就聽長輩說大畫家高奇峰葬於棲霞山，去年二月，福至心靈，他突然想到要去尋找高氏的墓地，多次費心踏覓，好不容易才發現半截墓碑，確定了奇峰先生的墓址。說來也奇，兩個月後，從臺灣來的歐豪年教授就找上門來，順理成章，遂由徐君負責帶路。此事在時間上扣合得如此之巧，冥冥中似乎早有定數。

在歐大師及多位熱心人士的大力支持與資助下，鳩工整建數月，棲霞山上的奇峰先生墓園翻修一新，通往墓園的山路，也鋪了便利遊人行走的鵝卵石步道。去年 10 月 20 日，歐教授還特地從臺灣趕去南京，親自主持隆重的重光典禮，當地的「金陵晚報」等多家媒體，對高氏墓園重現棲霞山的來龍去脈，都有大幅報導。

有人肯為師門尊長安息之所，奔走重光；有人肯為故主的舊居，義務巡守數十春秋；也有人世守忠良之墓三、四百年。凡此種種，或許跟古人所說的人生三不朽「立德、立功、立言」，都扯不上關係，但仍然會讓我們這些凡夫俗子，聞之大為動容。

記得，葉公超先生曾寫過堪稱生命絕唱的如下詩句：「青山翠竹凌霄節，樂於遊人夾道看」，人生要學做凌霄之竹，有時也不很容易，可是，夾道欣賞的心情總不該少吧！

附錄三　新河村的不速之客

2019 年

一個人可給子孫所留下的最珍貴遺產，不是金錢或其生前所累積的有形財富，而是品德與信仰。

——美國佈道家葛理翰

人的一生，不論生活過得如何順風順水，總不免有意外的轉折，或意外的遭遇，甚至，讓你像〈桃花源記〉中那位以打魚為業的武陵人一樣，經歷了一番奇遇，得以在生命中留下難以磨滅的烙痕。

就以筆者而言，在職場中打拚大半輩子，也因工作性質的關係，天涯行腳，五湖四海跋涉過不少地方。然而，在退休之前，我做夢也未曾想過，有一天能親眼見到先父在山西太原市的故居，而且最後竟還能尋尋覓覓，摸索找到他的出生地：山西五台縣新河村。

不消說，這個稱得上是窮鄉僻壤的地方，只是整個大陸地區六、七十萬個村子中最不起眼的村落之一，目前全村也只有一百多戶人家，人口不過四百餘人，絕非一般尋幽訪勝者所會踏足之處。

話說七八年前，我負責接待一批大陸文化界人士，對方功課做得扎實，互贈紀念品時，特意送給我一本編印極其精美、題名為《王公館》的簡介冊子，翻閱之後，我這才知道，原來座落於太原西華門六號的先父王靖國將軍故居，歷經歲月滄桑，仍然倖存於世，而且已被指定為該市的「重點文物保護單位」。

2014 年 7 月，我跟內人應邀參加了對岸舉辦的「三晉」之旅，機緣巧合，就要求主辦單位順道安排參觀家父故居。當我看到四合院大門口掛著木製對聯「從文尊孔盡忠盡孝，習武奉關守義守節」，以忠孝節義評價父親一生時，內心真是千回百轉，不勝唏嘘。返台後隨即發表了〈鄉夢六十年〉一文，獲得不少回響，友人更建議應劍及履及，贊助拍攝一部紀錄片，以還原歷史，並紀念國軍死守太原六個多月的壯烈事蹟。

由於內人與名導演黃玉珊有大學同窗之誼，乃情商其鼎力協助，於是月前筆者夫婦又跟隨拍片團隊再度來到太原的先父故居，錄下極為珍貴的鏡頭，後又專程前往位於定襄縣河邊村的閻錫山先生故居。閻氏有「山西王」之稱，是民國時期叱吒風雲的人物，他在國共內戰最後階段、山河風雨飄搖之際，出任行政院長兼國防部長，並負擔起將政府播遷來臺的重責大任。

閻氏在山西的故居（現稱「河邊民俗館」），始建於 1913 年，完成於 1937 年，先後修建了都督府、將軍府、老太爺府、東西花園、閻家祠堂等三十多處院落、近千間房屋，規模之大，可以想見。尤值一提的是，其中之建築有滿清宮殿式、中西合璧式、傳統北方民居式等，或宏偉壯觀，或精緻典雅，或莊重樸實，形式多元，各具特色，在在讓人驚豔讚嘆。

在閻氏故居取景後，已是午後三、四點鐘，依原定的拍攝行程，本可就此打道返回太原，可是我突然心血來潮，起了一個念頭，建議驅車到家父的出生地五台縣新河村打轉一下，看看能不能捕捉幾個可用的鏡頭，以豐富此一紀錄片的內容。

這個想法徵得黃導演同意後，一行人又興沖沖地上車，奔向一個鮮為人知的蕞爾村落。行行復行行，逐漸路窄人稀，鄉間道路的兩旁觸目都是綠油油的玉米田，綿延數哩，卻始終不見人家。開車的師傅不免有點心浮氣躁起來，嘟囔著是否真有此村，此時眼見對向駛來一輛小貨車，趕緊停車問路，對方和善的回說：「新河村嗎？你們走對路了，只要往前一直開下去，包准不會錯過的！」

眾人這才算吃了定心丸，車子又往前走了一大段路，終於看到一堵灰色的土牆，上面用黑漆塗著「新河村」三個斗大的字，彼時我心裡真是五味雜陳，想到自己竟能在暮年來到父親的出生地，內心自是既喜亦悲，無以名之。

山西五台新河村
王靖國老家門口

就在大夥兒還在打量此村的房舍與街景時，只見不遠處有一位中年人推著坐輪椅的老者慢慢行來，眾人立即趨前請教是否知道王氏舊宅，老人家面露驚訝之色，稍問情由後，就說可以為我們領路。也走不過數百公尺而已，他指著一所高牆斑駁、大門殘破的深宅大院說：「就是這裡了！」

此時有村民聞訊為我打開了大門，只見裡面斷垣殘壁，雜草叢生，一片荒蕪景象，令人怵目驚心。

攝影師見機不可失，趕忙取景，這會兒不知誰去走告的，一下子聚集過來幾十位上了年紀的男女村民，爭相以極重的鄉音向我解釋過往的種種情況。

最令人感到不可思議的是，在舊宅的院子裡尚存有一塊石碑，記載著父親在民國 18 年擔任三十七師師長時，捐助了五百大洋，連同其他人的小額捐款，為村子設立了小學。一位老人家還告訴我，父親曾回來探視過這所學校，送給每位學生一套制服與一方銅製墨盒，而後者他一直珍藏在家，不輕易示人。

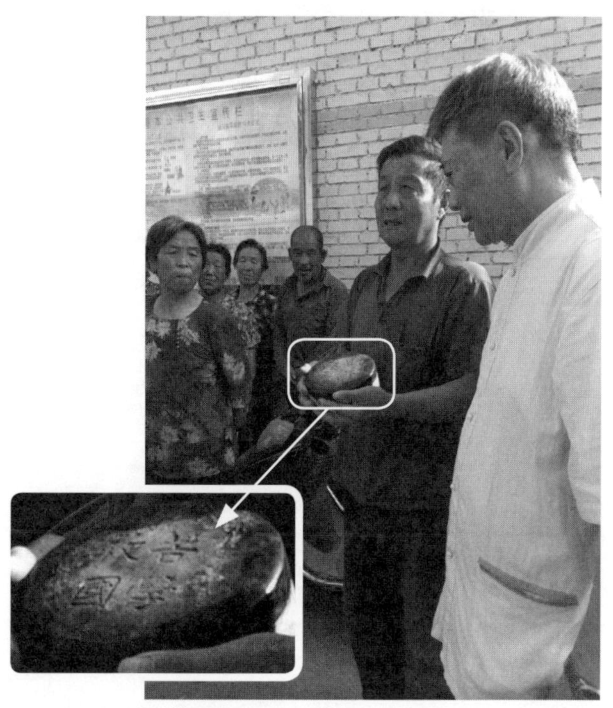

新河村村民展示王靖國將軍當年送小學生的墨盒，盒蓋上刻著「苦學救國」四字

在眾人慫恿之下，老人家隨即回家取來這方墨盒，讓我們觀賞。墨盒傳到我手中時，我不禁再三摩娑，而睹物思人，非僅感受到父親當年對家鄉子弟的關懷之情，且從盒蓋上所鐫刻「苦學救國」四字，更可感知父親對他們的期許，以及他個人對國家內憂外患處境的深沉焦慮。

眼看已暮色四合，一行人才依依不捨的揮別了新河村。離去之前，多位熱心的村民又帶領我們走訪了某處人家的院子，在那兒，看到另一塊有關家父事蹟的石碑。據稱，此碑原先是擺於村中的河神廟，自廟體坍塌後始被移走。這塊石碑的碑文甚長，詳載著家父捐款為鄉梓修建堤防以及河神廟的始末。

那天，在返回太原途中，腦海中盡都是那群滿面風霜、純樸憨厚村民們的身影，想到中國大陸歷經翻天覆地的變遷，而世居於新河村的父老，無視於外在世態的丕變與歲月的輪迴，仍能念念不忘家父的行誼，說來實在太難能可貴了。

筆者夫婦回到王靖國將軍的出生地新河村，與當地父老合影留念

繼而想到，父親一生戎馬，在離亂的年代，以悲劇收場，他給後代所留下的，無疑回應了美國著名佈道家葛理翰（Billy Graham）所言：「一個人可給子孫所留下的最珍貴遺產，不是金錢或其生前所累積的有形財富，而是品德與信仰。」（The greatest legacy one can pass on to one's children and grandchildren is not money or other material things accumulated in one's life, but rather a legacy of character and faith.）這回山西行，意外闖入新河村，冥冥之中似有定數，感慨之餘，也讓我對葛理翰的名言，有了更深一層體悟！

附錄四　鄉夢六十年

2014 年

家，是我們情繫之所，
縱使人離開了，心卻不曾離開。
——美國詩人　霍姆斯

母親病逝匆匆已有四年多，在她晚年身體還算健朗的時候，我曾多次問她，想不想由我陪她回山西老家去看一看，她總是不發一語的搖搖頭，或簡單的回應一句；「老家都沒人了，我回去做啥？」我不知她是擔心近鄉情怯，還是怕屆時觸景傷情，受不了人事全非所帶給她的衝激。

當年母親帶著我們五子女輾轉逃難來臺時，我僅一兩歲，太原老家究竟是個什麼樣子，當然一無所知，不過，從小到大，還是從母親口中，一鱗半爪的聽到老家房舍的一些情形。別的不說，我只知它是完整的傳統四合院建築型式，計有三進院落，每院落均包括一個正院及東西兩跨院。

母親說，老家佔地甚廣，極為氣派，民國 23 年 11 月間蔣委員長與蔣夫人蒞臨太原時，不是住在什麼招待所，而是下榻父親的公館。由此可以想見，老家房舍規模之大，否則，如何會被選來接待蔣公夫婦及其眾多隨從與侍衛。母親說，蔣公態度謙和有禮，引見時稱她為嫂夫人，而蔣夫人雍容華貴，講話輕聲細語，始終面帶微笑，很是親切。

我對母親之言，自是深信不疑，但對蔣公為何願意下榻於一位晉軍將領的住所，仍不免好奇，況且，又怕年事已高的母親，記憶有誤，故曾上網搜尋了一番，果然查到有此記載。

父親在抗日戰爭初期，擔任第十九軍軍長，後又升任第十三集團軍總司令。在民國 26 年秋的晉北忻口戰役中，接下中央兵團總指揮一職，與衛立煌、李默庵、劉茂恩等名將率領的兵團，跟侵華日軍展開激戰。根據軍史記載，這場戰役我方先後投入戰場的有十六個師，傷亡固然慘重，而殲敵數萬，亦重創了日軍侵華的軍力。

父親一生戎馬，征戰無數，他所處的時代，正值國家多事之秋，內憂外患接踵而至，他無畏於作戰，卻怕身陷彈盡援絕的處境，因而多次對家母說：「我不怕打仗，就怕沒有援軍！」作為身經百戰的將領，這是經驗之談，但不幸的是，他的憂慮後來竟然成真！

在 1949 年國共內戰的最後階段，徐蚌會戰結束不久，被三十多萬共軍團團圍困的太原城，岌岌可危。父親時任第十兵團司令，兼太原守備司令，我同父異母的姐姐王瑞書被共軍派遣入城勸降，父親對她說：「妳可革妳的命，我要盡我的忠」，共軍最高指揮官徐向前亦修書勸降，父親回信大意說：「今生今世不知投降一詞為何意，如今除決一死戰，別無他話可言！」

太原在死守六個多月後，終於城破淪陷，父親被俘，兩年後病死於中共獄中。根據中國大陸 2009 年所攝製的紀錄片《決戰太原》報導，太原之役，是其所謂「解放戰爭」中，歷時最長、戰鬥最激烈、付出代價最大的攻堅之戰。

父親的事跡斑斑可考，就連大陸方面也未加磨滅，可是我們在臺灣的一家人，卻被相關單位列管，半夜突來敲門的保安檢查，持續了二十多年之久，而且當年家姐赴美深造，若非請託長輩出面關照，出境證根本無法領得。最可悲的是，這麼些年來，此間提及太原保衛戰，只知有那些並非軍人的「太原五百完人」，卻絕口不提守城的七、八萬忠勇國軍，以及至死不降的守城最高軍事指揮官王靖國將軍。

由於兩岸的絕對隔絕，過去，我們對於父親的生死存亡，無從得知，二十幾年前，旅居美國的家姐獲知父親的最後遭遇，因怕母親難過，家人相約保密。其實，即使我們絕口不言，想來母親內心亦必有數。

三年前，從山西來的大陸訪賓送了我一本題為「王公館」的精美圖冊，我才曉得父親當年的寓所，已修舊如舊的被部分保留了下來，並被太原市政府列為名人故居，成為該市重點文物保護對象。從此，原本並無走訪山西計畫的我，就懷有了一個歸鄉之夢，雖說並無退休後葉落歸根的打算，卻很想探視一下父親的舊居，似乎，憑此就能與在天之靈的父親搭上了線。

日前我與內人應邀赴山西進行文化交流，隨團從南到北遍遊各地名勝古蹟，行程的最後一天，在大陸文化部、山西省政府文化廳、太原市文化局等多個單位代表的陪同下，我終於來到位於太原西華門六號的家父故居，儘管原有的三進院落只剩第一進，但宏偉的傳統建築風格、美輪美奐的室內設計，以及清幽雅致的庭院與魚池，仍令人目不暇給，當我看到四合院大門口所掛的木製對聯，更不禁悲從中來，為之潸然落淚。

山西太原
王靖國將軍故居
王公館

此一對聯的上聯是「從文尊孔盡忠盡孝」，下聯為「習武奉關守義守節」，兩句話大致概括了父親赫赫不凡的一生，而字句中推崇他的忠、孝、節、義，難道不是蓋棺論定的給了他最公正的評價？如今，大陸能撇開歷史的恩怨，以及政治上的包袱，就事論事的還給父親一個應得的公道，不也正顯示了主事者的氣度與善意？

太原王公館內木製對聯「從文尊孔盡忠盡孝，習武奉關守義守節」，概括了王將軍的一生。

這次山西之行，算是歷經一甲子的歲月後，終於回到了自己的出生地，應算是不折不扣的「少小離家老大回」吧！十來天緊密的行程，壯遊五臺山佛寺、平遙古城、壺口瀑布、洪洞古槐、雲崗石窟等舉世聞名的勝地，看似蜻蜓點水，惟觸目所及，卻在在奪人心魂，讓人驚豔連連。

對我而言，歸鄉之夢已圓，能親眼目睹父親的故居在保存修護與經營管理方面，均有妥善的安排，很感欣慰，今後，縱然山海阻隔，不可能常回太原探訪，但正如美國十九世紀詩人霍姆斯（Oliver Wendell Holmes）所寫：「家，是我們情繫之所，縱使人離開了，心卻不曾離開」（Where we love is home. Home that our feet may leave, but not our hearts.），如此說來，我心已安，今後或可不必再像浪跡天涯的遊子，對故園有著無盡的牽掛！

附錄五　正義終究沒有缺席

2021 年

這一頁可歌可泣、鮮為人知的悲壯歷史，早已翻篇，被無情的歲月所湮滅。

筆者是在單親家庭中長大的，壯年時忙於為生活、為工作打拼，從未真正想過該為早已殉國的父親做些什麼，直到屆齡退休之後，才起心動念，要在自己生命的棋局未殘之前，為一生戎馬、征戰無回的先父討回一點公道。

若襁褓時期不計的話，筆者這一生從未真正見過父親的面，緣由無他，就是當年家母帶兒女避難來台時，我也只不過是一兩歲大的孩子。雖說如此，我對父親的威儀倒是深印腦海，因為，家母把一張父親身著戎裝的泛黃巨幅照片，數十年來一直高掛在家中飯廳牆上，遂使我對老爸的容貌牢牢「停格」於此。

家父王靖國將軍，是古書上所說的「不思其父，無貌於心」的遺腹子，由寡母一手拉拔長大，因而母子感情極其深厚，即使父親在保定軍校畢業後，投身軍旅，戰功彪炳，一路晉升，做到師長、軍長、集團軍總司令，回家面對母親時，永遠是和顏悅色，百依百順，鄉里傳為美談，儼然成為地方上有名的孝子。

在個人成長的過程中，我對父親一生行誼的了解，全來自家母的念叨，即使同一版本的陳年往事，早已耳熟能詳，但每一回母親「開講」，我依然聽得津津有味。這些來自於一個離亂時代軍人家庭的「媽媽經」，固然無關乎國家大事，卻很能彰顯父親的為人處世之道。

例如，父親出生於一個堪稱是窮鄉僻壤的農村，而他很有飲水思源的觀念，在他事業有成之後，非僅回饋故里不遺餘力，而且只要是鄉親找上門求助，不論親疏遠近，識與不識，他無不是熱情以待，有求必應。無怪乎母親在手頭窘迫的時候，每每感嘆道：「你父親以前出手太大了，否則我們一家子到臺灣後，不至於全無家底，過得如此清苦！」

說起來，那個時代我們的父執輩，身處國難當頭的年月，國家民族意識格外強烈不說，那種愛鄉愛土的情懷，也深植內心，對此，多年前，我偕內人曾遠赴中國大陸從事尋根之旅，在走訪家父的出生地山西五台縣新河村時，亦得到了若干令人感慨繫之的印證。

猶記，一行人坐飛機抵達省會太原市後，盤桓數日，先是參訪了坐落於該市西華門六號，現已被指定為「重點文物保護單位」的家父故居「王公館」，又去了於位於定襄縣河邊村的閻錫山莊園，之後才驅車尋尋覓覓，費了好一番手腳，找到了只有百來戶人家的偏鄉新河村。

經熱心村民的帶領，終於看到父親祖宅的真實面貌，只見高牆已然斑剝不堪，院子內的房舍也已坍塌荒廢，不過，門楣上「和致祥」三個大字，雖見歲月刻劃過的滄桑，外觀依然氣派醒目，頗能顯示原屋主不凡的襟懷。

山西五台新河村王靖國老家門楣有「和致祥」三字

人們踏入這樣一個不起眼的荒村，不難感知家父出身何等寒微，而後來他能力爭上游，成為一代名將，不就是古詩句「將相本無種，男兒當自強」的明證？而尤值一提的是，新河村裡至今仍保留著兩塊年深日久留下的刻石，其上分別記載著家父捐錢設立小學，以及斥資修建河堤的始末，由此亦可見出他是一個心存感恩、未曾忘本之人。

前述父親的義舉，新河村的老輩們無不記憶猶新，其中一名長者還特地跑回住家，取來一方珍藏了一輩子的銅製墨盒，讓眾人輪流傳觀，並解釋說那是當年家父回鄉來校訪視時，送給每一位小學生的紀念品。

當我小心翼翼地接過此一墨盒，瞧見盒蓋上鐫刻著「苦學救國」四字，頓時紅了眼眶，所感受到的，不僅是父親的遺澤，還有就是他對國家局勢的深沉憂慮，以及對下一代的殷切期許。

仔細想來，父親此種飲水思源的人生觀，著實貫穿了他一生的行事，最明顯不過的例子即為，民國34年對日抗戰勝利後，蔣委員長擬調家父出任河南省主席時，曾指派胡宗南將軍攜其親筆信至其駐地密商，本應欣然接受該項重任的家父，因慮及過往提攜自身最力的長官是閻錫山先生，就在請示閻氏意向後，婉謝了層峰的美意，而此舉也決定了他人生最後的結局。

只因閻氏一言，即放棄更上層樓的高位，這是父親對有知遇之恩者的義氣，而在 1949 年國共內戰的最後階段，家父擔任第十兵團司令兼太原守備司令，率領十萬英勇國軍死守太原孤城六個多月，奮勇抵抗三十多萬共軍的圍攻，直到彈盡援絕，城破被俘，最後病死獄中，這不啻是他求仁得仁，對國家的忠誠！

這一頁可歌可泣、鮮為人知的悲壯歷史，早已翻篇，被無情的歲月所湮滅。所幸正義雖然遲到，但終究沒有缺席，經筆者及各方有心人士的共同努力，七十餘年後的今天，政府終於讓成仁取義的家父，入祀國民革命忠烈祠，總算是正式還給了他一個公道。

中華民國一一〇年五月十三日 星期四 聯合報 D3 聯合副刊

正義終究沒有缺席

名將王靖國七十年後入祀忠烈祠

在一九四九年國共內戰的最後階段，
家父擔任第十兵團司令兼太原守備司令，
率領十萬英勇國軍死守太原孤城六個多月，
奮勇抵抗三十多萬共軍的圍攻，
直到彈盡援絕，城破被俘，最後病死獄中。
這不實是他求仁得仁，對國家的忠誠！
七十餘年後的今天，
政府終於讓成仁取義的家父，
入祀國民革命忠烈祠，
總算是正式還給了他一個公道……

王壽來 文．圖片提供

王靖國將軍抗戰時期照片。

太原保衛戰指揮官王靖國將軍殉國70年後入祀忠烈祠。

聯合報副刊文章〈正義終究沒有缺席〉

勳績

茲以

故王靖國烈士，山西省五台縣人。保定陸軍軍官學校第五期步科畢業。烈士投身軍旅，歷任連長、營長、隊長、團長、晉綏軍第五師第十六旅旅長、晉綏軍第五師師長、陸軍第三十七師、第七十師師長、陸軍第三軍、第十九軍軍長、第十三集團軍總司令、第六集團軍總司令兼第六十一軍軍長及陸軍第十兵團司令等重要職務。

軍旅期間參與北伐、討逆、抗日等諸多戰役，獲頒二等寶鼎勳章、二等雲麾勳章、三等寶鼎勳章、三等雲麾勳章、忠勤勳章、陸海空軍甲種一等獎章及干城甲種一等獎章等勳獎章。

民國 37 年 11 月於太原保衛戰期間，烈士任陸軍第十兵團司令；38 年國軍陸續轉進，烈士為保衛太原仍與共軍浴血奮戰、竭力抵抗，彈盡援絕而遭共軍俘虜；烈士忠貞氣節、受難不屈，繫獄身死，壯烈殉職。

勇敢赴義，丹青碧血，精神不朽，國魂永彰。

中華民國 110 年 3 月 26 日

1100323

王靖國將軍勳績表

2021 年 3 月 26 日王靖國將軍入祀國民革命忠烈祠

月前，以家屬身分出席了入祀儀式的筆者，心頭百感交集，自不在話下，當下腦海中猛然間飄過了南宋詩人陸游的名句：「王師北定中原日，家祭毋忘告乃翁」，就我而言，今年清明期間上山祭拜謝世多年的家母時，不消說，我一定要向她稟報此一告慰慈心的佳音！

附錄六　將軍夫人的最後身影

2010 年

——想念我那一輩子劬勞的老母

家母走下人生舞台已十多年了，而她的身影，卻不時出現在我的夢境中。記得，家母晚年嚴重失智時，我曾無數次坐在床沿，俯身在她耳邊輕聲問她知不知道我是誰，見她面無表情，眼神中流露出一副茫然困惑的樣子，就馬上安慰她說：「媽咪，沒關係啦，妳不認得我，而我卻會永遠認得妳！」

所謂「樹欲靜而風不止，子欲養而親不待」一語，恐怕是普天下孤兒孤女們共同的心聲，但年輕時，人們或許也能了解古人這句話的含意，但心中的感受卻不怎麼深刻，而就我而言，在家母遠行之後，我才深刻體會到此語所點出的深沉遺憾與悲痛。我對自己說，如果時光可以倒流，如果還能回到從前，說什麼都不再會跟母親頂嘴、回嘴，或惹她生氣、傷心了。

在家母中風病倒之前，我跟內人經常帶她出去吃館子，餐後開車送她回家時，照例她都會垂詢付帳的情形，她總是擔心讓兒女太過破費，我們曉得她一生省吃儉用的習慣，往往都會故意壓低金額，好讓她寬心。而從今以後，我們又要到哪兒去接她再一塊兒出外用餐呢？

在家母中風病倒之前，不管工作再忙，我幾乎天天都會在下班後，先驅車回牯嶺街老家探望她，瞧瞧她有沒有要交代我去辦的事。在老人家中風病倒之後，不管是到家裡看她，或是到和平醫院看她，在道別時，我總喜歡問她可不可以跟她來個額頭對額頭的「碰碰頭」。而從今以後，我要到哪兒才能再跟她玩屬於我們母子間私密的「碰碰頭」遊戲呢？

家母一輩子勞瘁，身子骨還健朗時，每天做家事都要做到深更半夜。記得，小時候，我晚上睡覺，半夜醒來，經常瞥見家裡一燈煢然，家母仍在昏黃的燈下做活計，我催她趕快上床歇息，她總是漫應著，或說要把手邊的事兒做完再休息。家母深諳中國人所說「大富由命，小富由勤」的道理，在拉拔我們五個兒女長大成人的漫長歲月中，她持家過日子，是何等的克勤克儉！

事實上，即使在家中最拮据的時候，她都不向人告貸，她向來不喜歡求人，也總不欠人人情，別人對她有絲毫恩惠，她都點滴在心，念念不忘，一定要想辦法投桃報李，予以回報。她的堅忍、堅毅、儉樸、耐勞的精神，在在表現在她在世時的每一天每一刻，而這種的身教、言教，也深刻感染了兒女們的為人處事、待人接物。

也就是基於這樣一種緣由，當家母一病不起，安排其告別式時，遠從美國回來的大姐、二姐都支持不發訃聞、不公祭、不收奠儀的主張，換言之，我們仰承她的獨特人格特質，貫徹她一生不輕易打擾別人的行事風格，在陪伴她走過人生的最後一程時，不去做任何拂逆她意願、讓她感到遺憾的事情。

辦完家母的告別式之後，大姐、二姐都擬擇期返美，但行前，大姐告訴我說，前幾天她在盥洗時，覺得有人在輕扯她的衣服；二姐也說，她在家母的臥室更衣時，日光燈突然忽明忽滅。她們認為，這意謂著家母又回到家裡來了。於是，我在心裡說：媽咪，您要相信，在您遠行之後，這個家並沒有散，您的身影必定會永遠活在我們每個人的心中，而且我們也仍然會在心中、在夢裡，不斷呼喚著您！

（先母楊惠生女士，為王靖國將軍的夫人，1949 年隨政府避難來台之後，獨立撫育五子女長大成人，使彼等受高等教育，成家立業，其間茹苦含辛、堅忍不拔之奮鬥過程，誠無以名狀，而其堅貞睿智、樸實勤儉之言行，懿德垂範。2009 年 10 月家母因病辭世，此為筆者發表於《山西文獻》的文章。）

附錄七　父親與我

1981 年

王靖國將軍微雕像（壬申江都吳南愚敬刻）

我這一生沒有見過父親
但他是我心中的一片天

1949 年，母親隻身帶著我們姐弟五人，吃盡千辛萬苦，逃難來到了臺灣，生活一直過得很清苦，但在我記憶中，小時候，我從不覺得我們這個家缺少什麼。對我而言，父親這兩個字，祇是一個不常用的名詞，一個虛幻的影子。

我是家中的老么，身子骨又最單薄，所以從小就受母親寵愛，二姐及大哥、二哥因此也不太敢招惹我，惟獨抱著「長姐代父」想法的大姊，對我管教甚嚴。不滿六歲，我已讀過《三字經》、《百家姓》、《論語》、《孟子》、唐宋詩詞，以及若干著名的古文。總之，祇要是她認為不錯的詩文，就一定令我背誦，每日都有進度，吃晚飯前她總要考考我，如果背不出來或不夠流利，她就不准我上桌吃飯。

母親不忍心，每過來講情，而大姊有時並不通融，記得，有一次她指著我的鼻子吼道：「你別看人家！人家有父親，有靠山，我們家可沒有父親，過得是坐吃山空的生活，你不趁年紀還小，打點底子，將來憑什麼出人頭地？再說，你們是男孩子，是要支撐門戶的，這個家遲早就要指望你們了！」說完她哭了，母親哭了，我也哭了。當時我祇是覺得自己好倒霉，怎麼沒有個父親就非得背書不可？

入小學以後，我的國文程度很令老師們吃驚，其實這也是預料中事，當同班同學還在朗誦兒歌一類的東西時，我已將〈琵琶行〉、〈長恨歌〉、〈出師表〉、〈赤壁賦〉等詩文背得滾瓜爛熟了。而學校得意，家中得寵的結果，卻使得不知天高地厚的我，變得驕傲任興起來，甚至有時連母親的話，我都覺得有點迂闊。

是小學六年級那年罷，一天，我跟母親頂了幾句嘴，害她傷心了老半天。過後，她很感慨的說：「我看我是白疼了你一場囉！你老子指揮過千軍萬馬，在外頭做那麼大的事，但一回到家中，對你祖母可是恭恭敬敬的，從未見過他編派半句老人家的不是。有時，老人家訓兒子，嘮嘮叨叨的一講就沒個完，你老子那一回不是和顏悅色的聽著，大氣也不敢吭一聲，那像你，動不動就噘嘴變臉的，沒有一點兒規矩！」

後來我才知道，父親在當時是遠近馳名的孝子，他常常跟母親提道：「老太太不到三十歲，就為我守了寡，年輕時很跟我吃了些苦。現在遇上不稱心順意的事，說我幾句，消消氣，也是應該的！」

原來我祖父英年早逝，家中祇剩下祖母與我父親，母子守著幾分薄田，相依為命。後來祖母為了籌錢供給父親上外地讀書，一發狠就把田產變賣了，出售前親友紛紛跑來勸阻，說什麼這是賴以養命活口的本錢，千萬不能隨便賣掉等語。

別瞧我祖母是個沒唸過書的婦道人家，倒很有點見識，她力排眾議道：「田是死的，人是活的，祇要我兒子肯爭氣，有出息，將來要是發達了，有多少田地我不能叫他給我買回來？話又說回來了，萬一他要是個不成材的東西呢，大夥兒也用不著為我操心，我是不會一輩子守這個沒指望的寡的！」

父親後來畢竟是沒有教肯為他孤注一擲的寡母失望，事實上，他所成就的事業，是祖母一生作夢也想不到的。所謂「將相本無種，男兒當自強」，父親可說是這句千古名言的最佳寫照。

或許是受家世的影響，上高中以後，我對軍人的生活頗多憧憬。有一次，跟母親說笑，談到當軍人的際遇，我說：「可惜爸是不在了，否則我要是在他部隊裏當兵，還怕不能少年得志，步步高陞嗎？」

母親聽我如此講，當下收起了笑容，正色的說：「那你就是不瞭解他的脾氣了，果真你要是成了他的部下，恐怕升遷的機會比誰都小，上前線的機會比任何人都來得大。」

接著母親講了一個故事給我聽，她說，我父親有一個表弟，抗戰時在某個師裡當團長，有一天父親接到那個師師長的電話，對方除了報告戰況外，並且很婉轉的暗示父親那個表弟膽小，不敢身先士卒，把指揮所設在第一線。父親聽後，大為光火，他毫不徇私的說：「你去告訴他，要當軍人就別怕死！他要是再有臨陣不敢把部隊往上帶的紀錄，就別怪我六親不認！」父親的治軍很嚴，公私分明，回家後絕口不談公事。前述故事，還是父親的參謀長無意中透露給母親的。

父親的故舊部屬來臺的不少，可是那些年裡，大家都過得很緊，自顧尚且不暇，何來餘力援手別人？惟當中有兩位我們稱楊叔叔及盧伯伯的，對我們家的照顧，真可謂不遺餘力。

我母親是個堅守原則的人，那怕是過到家無隔宿之糧的地步，她從未開口向人求助，總是設法典當變賣一點她從大陸帶來的首飾，勉強支撐。儘管如此，一個沒有男主人的家，難免有其不方便的地方，遇上需要交涉或跑外的事，母親就常麻煩楊叔叔及盧伯伯，而他們從不推拒，亦不求任何回報，好像這是他們份內之事的樣子。母親為此耿耿於懷，直到今天還常說，我們家欠他們兩人的恩情，是一輩子還不清的。

楊叔叔曾經講過一段親身經歷的事，令我對父親的為人有更深一層的認識。那年楊叔剛從軍校出來，雄心萬丈，滿腹理想，入部隊不久，就晉升成連長。他整日以軍當家，將全副精力擺在帶兵上頭。每月關了餉，自己捨不得用，卻都花在弟兄們身上。有一次軍紀比賽，他滿以為自己這連一定名列前茅，發表成績後，沒想到竟拿到了個倒數第一，一氣之下，他就告病回家。雖然那時他的階級不高，但不知怎麼傳的，這件事還是讓父親知道了。

一天傍晚，父親輕車簡從的去探望他，照理說，高級長官造訪，說什麼也該到客廳迎接，但他偏偏賭氣，高臥在床。父親亦不以為意，就直接進入內室探病，而楊叔非但不坐起招呼，反在床頭擺了幾本禁書，故意讓父親看到。父親深知年輕人心性，並未出言加責，祇在臨別時，溫和勸慰道：「生病時要好好靜養，不宜看這類書。」過後沒幾天，楊叔叔就接到人事令，調他到司令部服務。

楊叔說，在當時一個軍官看那些書，如要認真追究起來，則一生的前途將為之斷送，而父親洞悉年輕人遭受委屈後的心態，在他灰心喪志之時，親臨探望，藹言相慰，繼之予以調整職務，終使他重新肯定了人生的價值與方向。說來是父親寬厚待人之處，卻也就是他帶兵所以成功的重要因素之一。

大四那年，我從一本雜誌中讀到有關記載父親打最後一役的文章。至今每一憶及該文內容，壯烈之心，猶為之悸動飛揚不已。大陸撤守前夕，父親率部死守某城，連數月餘，共軍致函勸降，曉以大勢已去，宜識時務。父親不為所動，覆以：「今生今世不知投降兩字為何物，如今除決一死戰外，不復計其他。」父親身為軍人，征戰無回，馬革裹屍，本是其應盡之天職，求仁得仁，應無所怨。祇是身為人子的，私心難泯，總為其遭遇抱恨遺憾不已。

如果襁褓之期不算的話，我這一生可以說從未見過父親的面。我所看到的他，是照片中的他，我所知道的他，僅僅是別人口中的他。在旁人看來，似乎父親對我根本沒有一點影響，而實則不然，父親的為人處世，思想言行，隨著我對他瞭解的增加，在在感召著我。在小時候，父親對我充其量祇不過是一個虛幻的影子，而如今，這個影子已變得清楚逼真起來，有時，闔上眼，甚至我都可以想像出父親言談謦欬的種種情景。

在物質方面，父親固然沒有能留給我們什麼，但在精神方面，他所留下來的，卻足夠我們受用一輩子的了。我們以能做他的兒女為榮，今生、來世，都一樣！

（此文是筆者早年之作，獲得《中央日報》副刊主編孫如陵先生的青睞，刊載於該刊最醒目的中央位置。彼時，國內政治氣氛仍然敏感，為避免不必要的困擾，文中並未提及先嚴王靖國將軍的名諱。）

說史敘事 18

一代名將王靖國將軍的故事

The Story of General Wang Ching-kuo

作　　者　王壽來
總 編 輯　陳新林、呂芳上
執行編輯　林育薇
封面設計　溫心忻
排　　版　溫心忻

出　　版　開源書局出版有限公司
香港金鐘夏慤道 18 號海富中心
1 座 26 樓 06 室
TEL：+852-35860995

民國歷史文化學社有限公司
10646 臺北市大安區羅斯福路三段
37 號 7 樓之 1
TEL：+886-2-2369-6912
FAX：+886-2-2369-6990

初版一刷　2024 年 12 月 20 日
定　　價
（平裝）　新臺幣 400 元　港幣 140 元　美元 20 元
（精裝）　新臺幣 700 元　港幣 235 元　美元 35 元
I S B N　978-626-7543-40-5（平裝）
978-626-7543-41-2（精裝）

http://www.rchcs.com.tw

印　　刷　長達印刷有限公司
臺北市西園路二段 50 巷 4 弄 21 號
TEL：+886-2-2304-0488

國家圖書館出版品預行編目 (CIP) 資料
一代名將王靖國將軍的故事 = The story of general Wang Ching-kuo / 王壽來著 . -- 初版 . -- 臺北市 : 民國歷史文化學社有限公司 , 2024.12

面 ;　公分 . -- (說史敘事 ; 18)

ISBN 978-626-7543-40-5　(平裝). --
ISBN 978-626-7543-41-2　(精裝)

1.CST: 王靖國　2.CST: 傳記

782.887　　113018637